ADÈLE B

et la rédaction de Terrafemina

Vive la vie de bureau !

PETIT GUIDE HILARANT
DU MONDE DE L'ENTREPRISE

FIRST
Editions

Depuis 2007, la rédaction de **Terrafemina.com** sonde avec humour et impertinence (mais non sans sérieux) les moindres recoins de la vie de bureau des femmes actives. Avec plus de 4 millions de visiteurs chaque mois, le site s'est imposé comme un média féminin de référence. **Adèle Bréau**, sa directrice, est l'auteur de *Je dis ça, je dis rien et 200 autres expressions insupportables* et des romans *La Cour des grandes* et *Les jeux de garçons*, parus en 2015 aux éditions Lattès.

ISBN : 978-2-7540-7630-2
Dépôt légal : août 2015
Imprimé en France
Couverture et mise en page intérieure : Atelier Didier Thimonier
Illustration de couverture © Sophie Lambda
Illustrations de l'intérieur © Hélène Crochemore

Éditions First, un département d'Édi8
12, avenue d'Italie
75013 Paris – France
Tél. : 01 44 16 09 00
Fax : 01 44 16 09 01
E-mail : firstinfo@efirst.com
Site Internet : www.editionsfirst.fr
Imprimé par CPI Brodard & Taupin
N° d'impression : 3011459

Le saviez-vous ?

Vous allez passer 97 464 heures de votre vie au bureau (à raison de 8 heures par jour, 5 jours par semaine, entre 18 et 65 ans).
Cela valait bien un livre.

Edito

La vie professionnelle est une jungle, et l'open space un territoire hostile dans lequel, après avoir lutté corps et âme pour y entrer, vous allez devoir survivre. Coups bas, alliances, immunité, confort, calculs et stratégies, vous ne pouvez décemment pas entrer dans le jeu sans en connaître les règles, les astuces et les petits secrets.

Ce guide est pour ceux qui font leur entrée dans la partie, mais aussi pour les autres, qui hantent les couloirs de l'entreprise depuis si longtemps qu'ils en connaissent les moindres recoins... croient-ils.

Et parce que nous passons au travail un tiers de notre vie, ce guide vous sera on ne peut plus précieux...

La rédaction de Terrafemina

Sommaire

Entrer dans la jungle 7
Alliances 43
Training 71
Trousse de secours 93
(NO ?) zob in job 125
Glande 135
Kids & Co 157
Ravitaillement.. 177

Entrer dans la jungle

Le mois de décembre est le meilleur mois de l'année pour postuler à un emploi *

* Selon l'experte en recrutement Mary Eileen Williams

Entretien d'embauche : les bonnes réponses aux questions pièges en entretien d'embauche

Les entretiens d'embauche sont un exercice qui se prépare à l'avance. Pour ne pas sécher lorsque votre futur employeur potentiel vous demande si vous êtes surqualifiée pour ce poste, voici 10 des questions les plus posées en entretien, et les réponses adaptées.

« Pourquoi avez-vous quitté votre dernier emploi ? »

Don't : hors de question de dire que vous ne supportiez pas la pression et que vous frôliez le burn-out. Évitez également de balancer sur votre ancienne boss qui vous sortait par les yeux, le persiflage ne vous mènera pas loin.

Do : préférez dire que malgré tout ce qu'a pu vous apporter votre ancien job, tant sur le plan professionnel qu'humain, vous êtes maintenant désireuse de saisir d'autres opportunités.

« Quelles sont vos faiblesses ? »

Don't : jouer la carte de l'honnêteté et avouer tous vos défauts, ou au contraire vous vendre comme étant parfaite. Sachez aussi faire la distinction entre péché mignon personnel et travers professionnel : les Schoko-Bons ne font ici pas partie de vos faiblesses.

Do : Essayez de trouver des défauts qui peuvent être tournés en qualités, ou qui soient minimes : je suis pessimiste, contrôlante, ambitieuse…

« Où vous voyez-vous dans 5 ans ? »

Don't : beaucoup de réponses catastrophiques sont envisageables, avec en tête : « à votre place », suivi par « quelque part au soleil », « mariée avec mon Robert et enceinte du troisième » et « au même poste dans une entreprise concurrente ».

Do : parlez de votre projet professionnel idéal, d'abord à court puis à moyen terme, sans paraître rongée par l'ambition ni désintéressée.
Montrez que vous pouvez vous projeter dans l'avenir et que l'emploi pour lequel vous postulez est une étape logique.

« Comment supportez-vous la critique ? »

Don't : confier à la personne en face de vous que votre fierté vous rend très susceptible n'est pas une bonne idée, au même titre que répondre avec le sourire « très bien, elle me passe au travers ».

Do : dites que la critique justifiée est le meilleur moyen de s'améliorer, et que vous savez tirer profit des remarques que l'on vous fait sans pour autant les prendre personnellement.

« Pourquoi devrions-nous vous engager ? »

Don't : ne pas avoir l'air convaincue que l'on devrait vous engager. Si vous êtes ici, c'est que vous savez être qualifiée pour cet emploi. Soyez humble : n'essayez pas de persuader votre potentiel employeur que vous êtes LA meilleure.

Do : présentez vos différentes qualifications en les appliquant à l'emploi pour lequel vous postulez, et faites comprendre à votre interlocuteur que vous avez besoin d'eux comme ils ont besoin de vous.

« Êtes-vous surqualifiée pour ce poste ? »

Don't : à moins d'être bac + 6 et de postuler pour un temps partiel au McDo, ne dites pas que vous êtes trop qualifiée, au risque de paraître prétentieuse. En vous considérant comme surqualifiée, vous dévalorisez le job que vous briguez.

Do : essayez de convaincre votre recruteur de vos aptitudes en mettant en valeur votre expérience et vos qualités.

« Comment expliquez-vous votre longue période sans emploi ? »

Don't : passer pour une paresseuse ayant profité d'un entre-deux dans sa carrière pour buller : « J'avais envie de prendre du temps pour moi. »

Do : expliquer que ce moment sans emploi vous a été profitable : suivi de formation, apprentissage d'une autre langue étrangère. Vous pouvez éventuellement marquer des points en vous justifiant par une activité associative ou humanitaire.

« Parlez-moi de vous »

Don't : une fois de plus, tout est une question de mesure. S'il serait mal vu de débuter un laïus appris sur le bout des doigts, essayez de ne pas vous retrouver muette comme une carpe.

Do : résumez brièvement votre parcours, chronologiquement ou dans les grandes lignes. Parlez de ce que vous attendez maintenant pour la suite, sans déborder sur votre vie personnelle.

« Quelle est votre capacité à travailler sous pression ? »

Don't : annoncer de but en blanc que vous en êtes incapable, que vous n'aimez pas ça et que ça vous fait paniquer. Ou vous vanter de ne pas travailler sous pression grâce à votre organisation irréprochable.

Do : expliquer que si le travail sous pression ne vous semble pas idéal, il permet de vous booster et de donner le meilleur de vous-même. Vous pouvez également donner quelques exemples de situation où vous avez pu être sous pression.

« Que pensez-vous de la dernière entreprise pour laquelle vous avez travaillé ? »

Don't : vous répandre en compliments ou énoncer la liste de ce qui vous a déplu dans votre ancien job.

Do : la neutralité s'impose. Présentez votre ancienne entreprise comme un tremplin qui vous a aidé à développer vos compétences dans un bon environnement. Évitez d'être négative.

La vie au bureau, c'était mieux avant (ou pas) ?

1. On n'avait pas Internet

Eh oui, seuls devant un bureau quasi vide, on n'avait donc d'autre choix que de s'éclater sur Word (youhouuu) ou de se challenger sur Excel (yiiiiha !), raison pour laquelle la génération X se défend pas mal sur ces deux logiciels ancestraux. En cas de désœuvrement total, restait la solution Dame de pique ou Solitaire. Ceux qui étaient là savent…

Alors, c'était mieux avant ? Ça dépend de quel côté on se place. Pour l'employé, diable non. Pour l'employeur en revanche… Quand on sait que les salariés ultra-connectés sont distraits en moyenne toutes les… 3 minutes (et auraient besoin de 23 minutes pour retourner ensuite à leur tâche initiale !), a priori, oui !

2. On s'envoyait des PowerPoint pour RIGOLER

Oui oui les djeuns, on en voit qui gloussent. À la préhistoire, alors que les LOLcats et autres vidéos pour adeptes de la mignonitude comme pause tendresse au bureau n'avaient pas encore envahi nos boîtes mails, on s'envoyait des POWERPOINT avec des beeeelles photos de dauphins, de paysages et oui, O.K., de chatons.

Alors, c'était mieux avant? Euh, honnêtement? Définitivement non.

3. Il n'y avait pas de femmes

Ou peu… et à des postes sans responsabilités et mal rémunérés bien sûr. Aujourd'hui, 51,4 % du middle management est féminin, contre 26,1 % en 1980. Autre info et pas des moindres: les femmes contribuent de nos jours à 42,2 % du revenu familial, contre… 6 % en 1970!

Alors, c'était mieux avant? Nul ne sait si ces messieurs sont nostalgiques de cet éden viril où cigares et secrétaires faisaient leur quotidien, mais les chiffres, eux, parlent: selon une étude menée par la Columbia Business School, les entreprises ayant le plus haut taux d'emploi féminin ont le plus de succès, et celles ayant le moins de cadres féminins ont le plus de difficultés. On dit ça, on dit rien, hein…

4. On ne recevait pas de mails

Dingue, non ? Et on faisait quoi ? Bah on téléphonait, et on était même OBLIGÉS de répondre parce que le numéro de l'interlocuteur ne s'affichait pas… Pour joindre des prospects, on pianotait sur le Minitel de la boîte, fierté technologique des salariés d'alors.
Quant aux comptes rendus, rapports et autres dossiers à faire parvenir, on les envoyait par courrier (souvent sous la forme de… disquettes !), fax (ziiiiiiii prftttttttt) ou coursier.

Alors, c'était mieux avant ? Houlà non : c'était LENT. En revanche, on ne recevait pas non plus de mails pro en dehors des heures dites « de bureau »… Ce qui nous amène au point suivant.

5. On avait des calendriers, des tableaux de liège, des Rolodex et des tampons dateurs

Et plein de superfournitures sympas qui donnaient envie de travailler. Les gens avaient également un beau cadre en argent avec la photo de leur femme, leurs enfants et/ou leur chien, et pas un fond d'écran dématérialisé, ils rangeaient des tonnes de papiers dans des dossiers, eux-mêmes archivés l'été par des employés saisonniers dans des grosses boîtes en cartons classées par numéros dans de grandes salles aveugles appelées « archives ».

Alors, c'était mieux avant ? Plus cosy mais archi-fouillis. Conclusion : non.

6. On se tapait la cloche au déjeuner

Entrecôte-frites, tarte aux fraises et pichet de rouge (avant le café-clope grillée en intérieur), l'employé eighties ne s'encombrait pas de considérations diététiques, et ne mangeait pas en 50 minutes chrono quelques grains de quinoa arrosés d'huile de colza payés à prix d'or dans un salade-bar rempli de working mums débordées.

Alors, c'était mieux avant ? Beaucoup moins sain mais certainement plus marrant.

Les vraies fausses gentillesses au bureau

★ Rester très tard le soir pour faire avancer le boulot de l'équipe

PAS GENTIL : vous donnez des complexes aux mères de famille obligées de partir tôt. Vous passez pour la première de la classe et pour une no-life en prime. On vous déteste.

★ Rapporter des croissants le lendemain du pot de départ de Karine

GENTIL : ce genre d'initiative ne peut pas vraiment vous attirer d'inimitié, surtout un jour de gueule de bois générale. Excepté si vous insistez auprès d'une collègue qui lutte contre son embonpoint depuis son premier jour dans l'entreprise. « Allez vas-y prends-en un ça te fera pas de mal… » Oh la vilaine !

★ Proposer des formations PowerPoint et Excel aux informatico-retardés

GENTIL : tout le monde n'est pas passé par une école de com' ou de commerce, et tout le monde n'a pas appris à gérer le Pack Office avec votre doigté. Sortir discrètement un collègue d'une galère de tabulations vous vaudra sa reconnaissance pour une durée indéterminée.

★ Révéler le salaire d'une collègue à une autre collègue

PAS GENTIL : en général, ça se passe à la pause-café quand le salarié est en train de ronchonner à propos de son minable salaire et de son besoin de vacances. « Et le pire ! Tu sais pas combien gagne Florence de la compta, c'est indécent ?! » Vous êtes frustrée et bientôt syndiquée, pas la peine de déprimer aussi la voisine qui n'a rien demandé.

★ Faire venir un coach sportif dans la salle de réunion

GENTIL: c'est prouvé, la pratique du sport fait baisser le taux d'absentéisme et améliore la productivité de l'entreprise.
L'agence de formation Interstices, signataire de l'« Appel à plus de bienveillance au travail », invite même ses collaborateurs à partir en randonnée tous les vendredis après-midi.

★ La campagne « corporate » antitabac sur les parois de l'ascenseur

PAS GENTIL: ne prenez pas votre volonté pour une généralité. Les workers-fumeurs de l'open space sont déjà assez complexés par leur odeur et leur vile addiction pour que vous vous permettiez d'enfoncer le clou.

★ « Je te remonte un café? »

GENTIL: bien sûr. Mais c'est une habitude qu'on n'a plus le droit de perdre ensuite, au risque de passer pour une belle égoïste.

Ces métiers qu'on voulait faire enfant… mais plus maintenant

Vous ne savez plus pourquoi, mais vous vous souvenez très précisément qu'enfant, vous rêviez de devenir secrétaire, coiffeuse ou encore maîtresse d'école et vétérinaire (rayez la mention inutile). C'est un fait : un certain nombre de métiers sont idéalisés par les petits. Que celle qui n'a jamais voulu être hôtesse de l'air nous jette la première pierre.

★ Vétérinaire

Alors qu'aujourd'hui vous ne supportez pas l'idée de voir une goutte de sang et que de toute façon vous êtes allergique aux poils de chat, enfant vous n'aviez qu'un but : convaincre vos parents d'adopter un animal poilu (avec des plumes si vraiment les poils ne passaient pas).
Et comme ils ont toujours trouvé toutes les excuses du monde pour ne pas exaucer ce souhait, c'était dit, vous seriez vétérinaire.

Le moment de la désillusion : le jour où vous avez compris qu'être vétérinaire ne consistait pas à jouer avec des animaux toute la journée mais aussi à soigner leurs maladies de peau et autres griffes incarnées… Sans parler de cette fâcheuse histoire d'allergie qui vous colle des yeux de hamster dès le réveil au moindre contact avec des poils. Bon, il reste toujours les plumes, non ?

★ Secrétaire

Alors qu'aujourd'hui payer vos impôts en temps et en heure représente un véritable challenge, petite, vous adoriez passer votre journée à taper à la machine à écrire ! Et puis, passer sa journée au téléphone et sur un ordinateur, il y a pire, non ?

Le moment de la désillusion : même si les robes des secrétaires de *Mad Men* vous font aujourd'hui rêver, il faut avouer que finalement l'idée de passer sa journée à gérer les problèmes et la paperasse des autres est au-dessus de vos forces. Vous avez déjà les vôtres, c'est suffisant.

★ Maîtresse d'école

Alors qu'aujourd'hui vous occuper de vos enfants le soir en rentrant du travail vous suffit amplement pour avoir votre dose de contact avec des personnes d'une autre génération, enfant vous adoriez jouer à la maîtresse devant une flopée de poupées, toutes plus attentives les unes que les autres.

Le moment de la désillusion : une fois devenue maman, vous avez tout de suite compris pourquoi le métier de maîtresse d'école n'était finalement pas du tout votre tasse de thé, mais alors pas du tout. Il faut dire que, déjà, l'idée des 2 mois de vacances scolaires avec vos enfants (sans parler de ceux des amis) vous fournit votre dose de stress annuel. Il faut en laisser un peu pour les autres.

★ Boulangère

Aujourd'hui, on fait parfois un détour pour éviter la vitrine de la boulangerie un peu trop tentante pour notre régime d'avant les fêtes de fin d'année. Enfant, l'idée de passer une journée complète entourée de sucreries et autres pâtisseries ressemblait un peu au paradis. Surtout quand les parents prennent un malin plaisir à réglementer de façon stricte les proportions de bonbons qu'on peut ou non manger.

Le moment de la désillusion : tout bien réfléchi, se lever à 3 heures du matin pour aller se mettre les mains dans la farine et fabriquer un maximum de pains au chocolat pour des clients grincheux et pressés, ce n'est peut-être pas aussi fun que prévu. Et puis les boulangeries, c'est ouvert le dimanche, et même certains jours fériés. Définitivement pas le bon plan.

Au fond, il n'existe sans doute pas (et c'est malheureux) de métier idéal. Ce qui est certain en revanche, c'est que la vie serait beaucoup moins belle sans boulangère pour nous offrir notre petit réconfort du matin (et tant pis pour le régime), sans le vétérinaire qui a sauvé Fluffy (votre hamster), sans votre secrétaire toujours dévouée et décidément bien courageuse de vous supporter, sans la maîtresse d'école de vos enfants, qui a le mérite de les supporter alors qu'ils ne sont même pas à elle, et sans votre femme de ménage, qui vous donne le sourire quand vous rentrez chez vous le soir.

Le job rêvé des hommes

★ Rock star

Plébiscitée par notre panel, la rock star a toujours le vent en poupe. Certains ont malgré tout tenu à ajouter « Mick Jagger hein… pas Kurt Cobain ». C'est vrai qu'à bien y réfléchir, chanter devant des millions de fans en délire, se faire courser par des groupies, travailler avec ses meilleurs potes sans Dieu ni maître, tout ça en gagnant très bien sa vie, on a vu pire. Sauf qu'on est où, nous, là-dedans ? Jerry Hall, si tu nous lis…

★ Acteur

Comme la rock star, l'acteur parvient à concilier épanouissement professionnel et sex-appeal décuplé. Nos hommes se verraient bien, à l'instar d'un Ryan Gosling ou d'un Romain Duris, enchaîner les bons films, tâter de la starlette pour des scènes d'amour (« Mais je te jure c'est pour le rôle ! ») et pouvoir partir plusieurs mois à l'autre bout du monde « se retrouver » si le cœur leur en dit. Pour info, un seul a ajouté « de film X »…

★ Rentier

Quelle ne fut pas notre déception lorsque beaucoup avouèrent rêver d'être rentier. Et l'ambition, la vocation, l'accomplissement personnel, ces projets à construire en équipe, ces études chèrement payées par des parents soucieux d'offrir à leur fils ce qui le rendrait heureux dans la vie… ? Du flan ! Les aspirants rentiers ne rêvent que d'une chose : se la couler douce à l'ombre d'un cocotier. Avec nous ?

★ Pilote de course

Vroum vroum ! Comme les petits garçons, beaucoup de nos hommes auront toujours une passion pour ce qui roule… vite si possible. Le pilote de course moulé dans sa combi multisponsorisée, arrosant de champagne des pépées roulées comme des bolides après avoir prouvé sa virilité en étant plus rapide que ses concurrents sur les circuits les plus courus de la planète, ça, ça en jette manifestement pour eux. Mmhhhhh vrouuuuum. Pour info, pas spécialement pour nous, et le bruit lancinant des moteurs à la télé le dimanche matin encore moins …

★ Flic

Pan pan ! Le flic (pas celui qui fait la circulation, nous a-t-on précisé) haut gradé, porte-flingue sexy caché sous le cuir, traquant sans relâche les ennemis publics, passant des nuits entre collègues à démêler les fils d'affaires mystérieuses, planquant, puis arrêtant au péril de sa vie le voyou pour défendre la veuve et l'orphelin, ça les fera toujours rêver, de 3 à 100 ans. Adrénaline, quotidien sans cesse renouvelé et mise en lumière dans de nombreux films et séries françaises à succès font de ce job prétendument mal-aimé un classique indéboulonnable.

★ Footballeur (Zlatan)/commentateur sportif

Ah, le ballon rond, objet des fantasmes mâles. Le footballeur concilie les atouts potes, déplacement professionnel, bon salaire, gloire, jolie femme… et attentat capillaire, mais bon, c'est une autre histoire. Quant au commentateur, c'est le pendant retraité du sportif pro qui, pour une rétribution confortable, peut continuer à vivre de sa passion sans se faire réveiller par le coach aux aurores et boulotter des sucres lents à tous les repas.

★ Père au foyer

Halte aux clichés puisque plusieurs nous ont avoué qu'ils rêvaient de s'occuper des enfants toute la journée ! L'histoire ne dit pas, en revanche, si le rêve inclut les courses, le ménage, les rendez-vous chez le pédiatre, les réunions de parents d'élève, les machines et les après-midi pâte à sel… Mais on applaudit toutefois ce bel élan viril !

★ Des trucs aux Amériques

Beaucoup nous ont parlé de métiers divers et variés, ajoutant chaque fois « aux États-Unis ». Bras droit de Barack Obama, coach de sport dans une grande fac américaine… le pays de l'Oncle Sam continue d'exercer son attrait même chez les plus vieux. L'American job dream, en quelque sorte.

★ Champion de snowboard/surf

Après les voitures, la glisse et les grands espaces. Ils sont en effet nombreux à rêver d'une vie à la Kelly Slater ou Shaun White (un snowboarder/ skater américain manifestement très connu du sexe fort…), dévalant les pistes d'Aspen ou traversant les rouleaux des spots les plus swag de la planète au bras de mannequins Victoria's Secret tout en ayant une popularité masculine au top. On voit pas pourquoi...

Les métiers pour plaire à ses beaux-parents

Si vous êtes strip-teaseur, torero, préparateur de morts ou agent du fisc, et que vous ne vous sentez pas d'entreprendre un énième long débat sur votre choix de carrière, voici un petit florilège de réponses qui devraient mettre tout le monde d'accord à l'heure du gigot dominical.

★ Médecin

L'avantage ? Belle-maman verra en vous Georges Clooney, et oubliera illico vos vieilles Stan Smith au profit de chaussons de bloc dont elle vous aura rhabillé dans ses fantasmes.

L'inconvénient ? Il y a fort à parier que vous passerez le repas à répondre à des questions du type « Je ne veux pas te déranger avec tes trucs de boulot mais j'ai souvent un sifflement dans l'oreille/mal au ventre quand je m'assois en tailleur/un tiraillement dans l'omoplate/le gros doigt de pied qui me démange… Tu crois que c'est grave ? »

Votre image ? Celle d'un être sensible et bon dont le but est de venir en aide à son prochain. Tout vous.

★ Avocat

L'avantage ? On vous appellera « maître » tout le repas. Ça le fait.

L'inconvénient ? On vous demandera peut-être d'expliquer l'affaire Clearstream…

Votre image ? Celle d'une personne sérieuse qui défend la veuve et l'orphelin (et potentiellement votre conjoint et sa famille, gratos, bien évidemment).

★ Fonctionnaire

L'avantage ? Votre quotidien ne devrait pas intéresser grand monde, à moins que vous ne soyez employé à l'Élysée.

L'inconvénient ? Il se peut qu'on vous demande d'être garant pour les futures locations d'appartements de la famille.

Votre image ? Celle de quelqu'un qui a la sécurité de l'emploi et ça, pour un beau-parent, ça n'a pas de prix.

★ Informaticien

L'avantage ? Obscur, le monde de l'informatique représente néanmoins, pour la génération précédente, l'« avenir », voire la promesse éventuelle d'un destin à la Bill Gates ou à la Mark Zuckerberg.

L'inconvénient ? Beau-papa devrait débarquer avec son portable dans les 2 minutes, afin que vous lui changiez son fond d'écran. Plus tard, vous vous transformerez en hotline familiale.

Votre image ? Celle d'un être étrange, asocial et peu propre, mais très intelligent et détenteur d'un savoir précieux pour ses proches et son avenir.

★ Architecte

L'avantage ? Grâce aux émissions de Valérie Damidot, vous saurez répondre à la mitraillette de questions que beau-papa et belle-maman vous poseront sur l'optimisation de leur intérieur. (« Le mur ? On l'abat, on colle des stickers, on met 4 bougies et vous êtes au top. On va à table ? »)

L'inconvénient ? Meubles Ikea, réfection de la maison de campagne, ponçage du parquet et même lessivage de la moquette… Tous les travaux de bricol'boys seront désormais pour bibi.

Votre image ? Celle d'un homme construit, aux idées bien rangées avec un petit côté artiste en sus. Bref la perfection au masculin.

Ces petits mensonges des métiers

★ Le coiffeur

Son plus gros mensonge? « Oui oui, quelques centimètres. »

Pourquoi il ment? Parce que sa life c'est de couper et de tenter toutes ces coupes incroyables qu'il a apprises à l'école, pas d'égaliser des frileuses qui tremblent à l'idée de décaler leur raie d'un demi-centimètre après 15 ans de statu quo capillaire.

La solution? Une vigilance de chaque instant.

★ La vendeuse de fringues

Son plus gros mensonge? « Franchement, ça vous va troooop bien ! »

Pourquoi elle ment? Parce qu'il faut bien qu'elle le refourgue, ce slim mal coupé !

La solution? Ne jamais se promener seule dans une boutique. Être accompagnée d'une amie qui vous veut du bien semble définitivement plus prudent.

★ L'enquêteur téléphonique

Son plus gros mensonge? « Ça ne prendra que 5 petites minutes. »

Pourquoi il ment? On le force (le prompteur). Il en souffre peut-être.

La solution? Ne plus répondre aux numéros masqués, voyons !

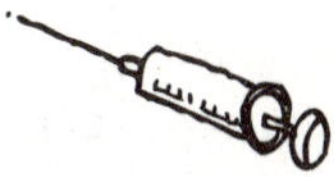

★ Le médecin

Son plus gros mensonge? « On va faire quelques petites analyses pour se rassurer. »

Pourquoi il ment? À votre avis ?

La solution? Aucune, vous le savez bien.
Et c'est parce qu'il a les pleins pouvoirs que vous vous laisserez docilement endoctriner. Savez-vous pourquoi on dit « mentir comme un arracheur de dents » ? Parce que ces douces personnes, qui passaient autrefois de ville en ville pour soulager les patients à la dentition en bout de course, leur promettaient qu'ils ne souffriraient pas (avant de se saisir d'une pince et de déraciner la chose sans anesthésie sous les roulements de tambour). Pour leur bien.

★ L'agent immobilier

Son plus gros mensonge? « C'est une très belle prestation, lumineuse et pleine de charme ».

Pourquoi il ment? Parce qu'il se traîne cette bouse invendable depuis 6 mois et qu'il se dit qu'il y aura bien un désespéré qui finira par le prendre, et qu'avec sa comm' il pourra se payer une nouvelle cuisine, lui.

La solution? Ne pas lâcher la bête et poser les bonnes questions. Orientation, étage, travaux, depuis quand est-il en vente ? Dans l'idéal, se faire envoyer des photos.

Ça se fait ou pas (au boulot) ?

★ Faire la bise à tout le monde le matin ?

NON. Disons que ça n'est pas tant que c'est impoli mais plutôt soûlant. À moins que vous ne travailliez en binôme avec votre meilleure copine (veinarde), abstenez-vous de venir coller votre visage à ceux de vos collègues encore endormis. Un « hello, tout le monde ! » lancé à la cantonade dans l'open space, un petit signe de la tête selon la distance ou une poignée de main selon le type de boîte où vous travaillez feront bien l'affaire.

★ Recevoir du courrier perso ?

OUI! Contre toute attente, la jurisprudence a tranché dans le sens de l'autorisation au nom des libertés individuelles. En revanche, votre entreprise a le droit d'ouvrir le courrier qui vous est adressé. Donc si vous vous faites livrer un fouet et des menottes, pensez à la mention « personnelle », elle pourrait vous être utile…

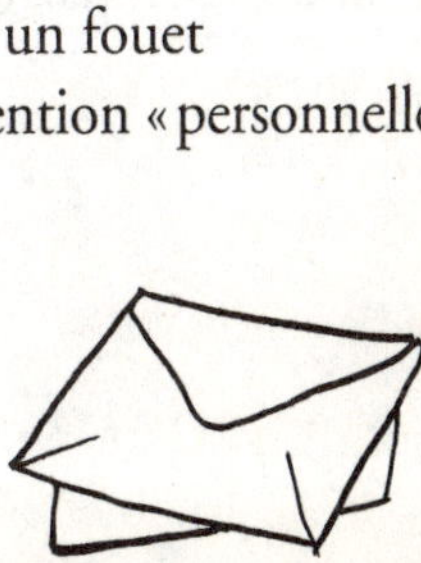

★ Venir en jogging ?

CERTAINEMENT PAS! À moins que vous soyez prof de Pilates ou que votre fameux jogging soit en fait un sarouel trendy en soie Kenzo, abstenez-vous, même si on est vendredi. Si personne ne vous dit rien, sachez néanmoins que le mot « lose » flottera autour de vous comme une mauvaise odeur.

★ Recevoir un visiteur « from scratch » ?

NON. Que vous receviez un candidat, un client potentiel ou un prestataire, munissez-vous toujours des docs nécessaires à l'entrevue. Levez-vous à l'arrivée de votre visiteur, dans l'idéal, annoncez le temps d'entretien, remerciez-le de s'être déplacé et raccompagnez-le quand il s'en va. Ah oui, et si vous buvez un thé, demandez-lui s'il en veut un, au lieu de le savourer langoureusement en vantant son parfum (vécu).

★ Balancer sa carte de visite en fin d'entretien?

OUI. En France, l'échange des cartes se fait, selon les convenances, en fin d'entrevue. Il doit être naturel. Demander sa carte à son interlocuteur est assez malvenu, un peu comme quémander un « 06 »…

★ Manger 2 fois le même jour à la cantine?

EH NON! Il est interdit de prendre 2 repas au restaurant d'entreprise, comme il est également proscrit de manger à son poste de travail. Nous sommes de plus en plus nombreux à engloutir un sandwich devant notre écran mais qu'il s'agisse du danger pour le clavier (« Oups, ma soupe de potiron qui dégouline entre le F et le V ! »), de l'asociabilité de la chose ou des nuisances olfactives qu'elle peut générer (« Je bouffe indien, ça te dérange pas ? »), on peut comprendre cette décision ancestrale.

★ Tutoyer direct ?

ÇA DÉPEND. Les convenances voudraient que ce soit le supérieur ou le plus âgé qui propose le tutoiement. À rang égal, c'est à la femme de le proposer (oui, vous pouvez foncer voir votre collègue mec préféré et lui demander : « Au fait d'où tu me tutoies, toi ? »)
Dans la réalité, on tâtonne, on observe le style de boîte et on s'adapte à l'ambiance générale et aux personnalités.

★ Être ivre ?

EUH... NON! L'ébriété sur le lieu de travail peut entraîner de très lourdes sanctions. Donc, inutile de parader fièrement en revenant de déjeuner sur le ton « oh on s'en est collé une au bar du coin je te dis pas… ». D'autant que tout le monde comprendra que vous allez passer l'après-midi à surfer mollement sur Internet en attendant que le temps passe. Aux pots d'entreprise, vous pouvez évidemment prendre une petite coupette, mais il est bien entendu inutile de rouler sous la table devant le big boss.

★ Forwarder le mail d'une collègue pour la basher ?

NON! Même si c'est pour l'encenser, il est interdit de transférer un courriel (parlons français) sans l'autorisation de son auteur.

De nombreux transferts non autorisés débouchent sur des procédures complexes et de lourds dommages. Beaucoup doivent trembler à la lecture de ces lignes…

Alliances

Chaque jour, nous passons 9 heures
en compagnie de nos collègues,
soit 1 961 heures par an.

Comment se faire aimer dans l'open space en 5 leçons

Pour vous rendre sympathique auprès de vos compagnons de bureau, vous allez devoir aller au-delà de l'hypocrisie. Vous devrez vous transformer en profondeur, pour ne pas faire partie des collègues qu'on déteste, ou pire, des losers que l'on évite.

★ Smile

Les gens « sympas » ont un point commun : la positive attitude. Évidemment nous sommes tous capables d'être super-positifs quand tout va bien, l'exercice n'est alors pas vraiment compliqué. Mais quand ça va mal, c'est plus compliqué et c'est là que vous devez faire la différence. Conseil : quand vous tombez dans vos pensées noires à cause d'un problème, souvenez-vous d'une situation similaire que vous avez réussi à surmonter, voire à dénouer. Construisez cérébralement un palmarès de vos success stories, et gardez-le dans un coin de votre esprit en permanence. Plus vous ferez appel à ces ressources d'énergie positive, plus vous développerez votre aptitude à être spontanément positive.

★ Prenez le contrôle de vos pensées

Langage de psy, oui, mais plus efficace et moins cher qu'un psy. Dites-vous que les gens négatifs que vous croisez le sont par choix.
On ne naît pas pessimiste, on le devient, mais on peut aussi désapprendre cette mauvaise manie. Quand on fait la gueule, c'est qu'on l'a décidé. Comment expliquer sinon qu'une collègue qui venait de perdre son père soit restée aussi sympa et de bonne compagnie avec nous quelques jours après le drame ?

★ Arrêtez de porter le chapeau

À la fin d'un match de tennis perdu, les gens positifs vous disent que le terrain n'était pas bon, que leur raquette est détendue ou que les balles sont trop vieilles. La mauvaise foi n'est qu'une arme de ces gens sympas pour garder le sourire et la confiance, ils sont capables en général d'envisager les causes externes de leur échec et se dédouanent de leur responsabilité.
Les gens négatifs s'apitoient sur leur mauvais revers, leur nullité, les cours qu'ils n'ont pas pris…
À vous de choisir de quel côté vous voulez être.
Défi fou : essayez d'adopter la positive attitude pendant 30 jours. Ce changement de paradigme pourrait bien changer votre vie.

★ Soyez passionné

On ne vous demande pas d'avoir une passion pour un sport ou une bestiole, on peut être passionné par ses idées, ses enfants, son job, un secteur d'activité… C'est un état d'esprit qui peut s'appliquer à divers objets concrets ou abstraits. Il est agréable d'être entouré de gens passionnés, qui s'impliquent, et dont les yeux transpirent de sincérité lorsqu'ils s'expriment. Plus vous vous investissez, plus vous êtes intéressant, et plus vous êtes attirant.

★ Nous aimons tous les compliments

Pas question d'en faire trop, mais il est évident qu'on s'attache plus facilement à quelqu'un qui nous a complimenté au moins une fois. Même les faux compliments ont un impact positif sur votre relation à l'autre. Dites-vous aussi que certaines personnes ne reçoivent JAMAIS de compliments, ni dans la sphère privée ni au boulot. Vous pouvez être celui ou celle qui lui offre gratuitement une parole positive sur elle-même, c'est un pouvoir immense que nous avons tous.

On compte bien sûr sur votre subtilité pour trouver le petit compliment qui passe tout seul. Exemple, en réunion : « Oui ton idée est super-intéressante, comment peut-on la développer à ton avis ? » ou « c'était super ce que tu as fait sur ce projet » ou encore « comment tu fais pour être aussi rapide et efficace sur les dossiers ? » On ne tombe pas dans l'hypocrisie, on force le trait pour promouvoir la bienveillance.

10 signes qui prouvent que votre patron vous déteste

Même s'il vous adresse à peine la parole, sauf pour vous enguirlander, vous doutez : votre patron vous déteste-il ou est-il simplement mal luné ? Voici 10 indices qui devraient vous éclairer.

1. Vous avez hérité de la place la plus ingrate de l'open space

Vous savez, celle dans le passage, très loin de la fenêtre et tout à côté des toilettes.

2. Il ne se souvient jamais de votre prénom

Vous avez beau travailler à cinq mètres de lui depuis maintenant deux ans, votre patron est toujours incapable de se souvenir de votre prénom. Ou du moins fait très bien semblant de ne pas se le rappeler.
« Caroline ? Mathilde ?
– Non, moi c'est Laura. »
Le pire dans tout ça ? Qu'il ne fasse même pas mine d'être gêné. Et qu'il recommence à vous appeler Clémentine ou Hortense la semaine suivante.

3. Vous êtes préposée au café

Soit votre boss est accro aux délicieux expressos que vous préparez (en même temps, avec des dosettes, c'est pas bien compliqué), soit il vous prend pour une incompétente et/ou tente de saper votre autorité. On vous laisse deviner quelle option est la plus probable.

4. Vous êtes toujours la dernière servie pour les congés payés

La dernière fois que vous avez réussi à poser trois semaines de vacances en août, c'était quand ? Et la dernière fois que vous avez réussi à rafler un des ponts du mois de mai ? Jamais ? Ne cherchez plus : grand détenteur du planning des vacances, votre patron « omet » peut-être de vous inclure dans l'e-mail adressé à toute l'équipe pour prévenir que les congés devaient impérativement être posés avant la fin de semaine.

5. Il oublie systématiquement de vous convier aux réunions

Ah bon, la réunion d'équipe, c'était lundi dernier ? Toujours la dernière informée des présentations clients et autres réu' importantes, vous arrivez systématiquement 10 minutes en retard après avoir couru un marathon dans les couloirs. Et en plus, il a le culot de vous adresser un regard noir en tapotant sa montre pendant que vous cherchez désespérément une chaise pour vous asseoir.

6. Il ne communique plus que par e-mail et annotations (au stylo rouge)

La voix de votre boss ? Vous ne seriez pas sûre de la reconnaître. Par contre, son style (sec et cassant) et son écriture (énervée et au stylo rouge), vous n'avez aucun problème pour les distinguer depuis qu'il a pris soin de vous envoyer 50 e-mails ultra-urgents par jour, et de se rappeler à votre bon souvenir par le biais de Post-it collés sur votre écran d'ordi chaque fois que vous vous absentez (même pour aller aux toilettes).

7. Et quand vous vous adressez à lui, il lève les yeux au ciel

D'ailleurs, vous avez longtemps pensé qu'il s'agissait d'un tic ou qu'il était sujet aux crises d'épilepsie.

8. Il ne rit jamais à vos plaisanteries (même quand elles sont drôles)

Vu la tête qu'il a fait la dernière fois que vous avez osé faire une boutade, vous vous êtes même demandé si vous ne l'aviez pas profondément offensé.

9. Il ne vous laisse rien passer

Alors que vos collègues peuvent sans problème s'absenter deux heures à l'heure du déjeuner ou partir à 17 h 30 le vendredi, vous vous devez d'être à votre poste aux heures ouvrées. Même chose quand vous n'avez pas bouclé à temps un dossier : quand vos collègues ont droit à un rappel à l'ordre, vous, c'est une honteuse réprimande devant tout le monde que vous devez essuyer.

10. Vous avez toujours tort

Oui toujours. C'est injuste, mais c'est comme ça.

Nos pires collègues : comment les neutraliser ?

★ Le collègue parfait

C'est bien simple, depuis qu'il est arrivé, on ne vous voit plus. Le collègue parfait est beau gosse, performant, hilarant, a son planning de déj' booké une année à l'avance alors que vous peinez encore à vous faire accepter par certains services, et le boss le regarde avec les yeux de l'amour comme s'il était Zlatan débarquant au PSG. En plus, vous avez l'impression que quand il brille en réunion, il vous lance des œillades méchantes sous-titrées : « Toi Pôle emploi. » C'est bien simple, c'est un cauchemar et, de jour en jour, vous vous rabougrissez jusqu'à disparaître quasi totalement. On me voit/on me voit pas.

Comment le neutraliser ? Entrez dans son jeu pour l'endormir. Le monde de l'entreprise, c'est comme « Koh-Lanta ». Pour les solitaires sans alliance, c'est l'élimination au conseil assurée.
« Vos collègues ont décidé de vous éliminer et leur sentence est irrévocable. »

★ Le collègue qui pue

Point d'attaques professionnelles de la part de ce charmant collègue (ou pas) mais des agressions olfactives que vous peinez à supporter. Papier d'Arménie, bougie parfumée, double dose de parfum dans vos manches, que vous reniflez à longueur de journée telle un camé en manque, rien n'y fait, votre collègue qui pue emporte tout sur son passage, prenant, vous semble-t-il, un malin et innocent plaisir à entrer plus souvent qu'un chacun dans votre périmètre de tolérance épidermique, voire à vous parler direct dans les trous de nez.

Comment le neutraliser ? Difficile. Tentez toutefois de mettre un point d'honneur à aborder les thématiques hygiène/parfumerie/odeurs/sapins de voiture/Union française pour la santé bucco-dentaire, en les alternant chaque jour pour insinuer discrètement ces idées dans son cerveau sans l'attaquer frontalement.

★ Le collègue qui vous veut du mal

Véritable fléau pour votre équilibre, le collègue malintentionné pourrait presque, dans les cas les plus extrêmes, vous pousser à la démission tant son harcèlement fielleux vous ronge de jour en jour. Qu'il prenne du plaisir à mettre toute la boîte en copie quand vous avez mal géré une situation, qu'il enterre vos contributions à un projet (« Ah, tu m'avais fait passer un doc ? Je n'ai pas vu désolé » + sourire carnassier), qu'il ignore superbement tous vos mails, ralentissant les process de vos missions pour lesquels vous avez besoin de son retour, ou encore qu'il vous mette certains autres collègues à dos, le collègue tyran a fait de votre vie un enfer.

Comment le neutraliser ? Crevez l'abcès en lui montrant que vous voyez clair dans son jeu et ne vous gênez plus pour arrêter de couvrir ses faux pas. Ça n'est pas de la dénonciation mais de l'ordre de la survie et de la justice. Si la situation devient trop insupportable, parlez-en à un supérieur hiérarchique qui jouera le médiateur. Ça devrait calmer Gargamel.

★ Le collègue qui veut devenir votre BFF

Vos collègues, vous les aimez bien, certains plus que d'autres, mais de là à partir en vacances ensemble avec maris et enfants, il y a un monde. Et pourtant, l'une de vos collègues semble mettre un point d'honneur à devenir votre nouvelle « Best Friend Forever » ! C'est bien simple, elle vous adore ! Tout ce que vous dites la fait hurler de rire, elle vous propose des déj' tous les jours, punaise des photos de vos enfants dans son bureau et s'enthousiasme fréquemment à l'évocation de potentielles sorties en couple ou en famille avec vous le week-end. L'angoisse vous étreint souvent lorsque vous repensez au film *JF partagerait bureau*, euh… *appartement*.

Comment le neutraliser ? Pareil qu'un type qui vous dragouille mais dont vous souhaitez repousser les avances avec tact : ignorez autant que faire se peut ses appels du pied tout en restant courtoise. Car ne l'oubliez pas, cette fan, c'est mieux que des 4 par 3 à votre effigie affichés dans toute la boîte. Et puis la collègue loveuse a beau être excessive, vous l'aimez bien quand même.

Les pires endroits où croiser un collègue

★ Au karaoké

La scène: Prendre le micro pour vous époumoner sur du Johnny le samedi soir avec vos copains, c'est votre péché mignon. À l'abri d'un karaoké confidentiel où vous avez vos habitudes, vous laissez votre rock'n'roll attitude s'en donner à cœur joie jusqu'à ce que débarque… « Salut, Bernard ! Top, ta reprise de "Allumer le feu" » : Jean-Ed, le relou de la compta, qui, hilare, vous apprend qu'il a assisté à votre célébrissime déhanché-ondulé.

Comment réagir ? Assumez. Après tout, s'il est là, c'est qu'il est lui-même adepte du loisir favori des Japonais. Et il va chanter quoi, lui, Jean-Ed ? Sélectionnez-lui un petit « Gangnam Style » et préparez votre Smartphone pour une petite vidéo maison… Comment ça, du chantage ?

★ À la pharmacie

La scène: vous êtes en train de relater à la charmante pharmacienne de votre quartier de boulot ces désordres gastriques qui vous pourrissent la vie. Emporté par ses questions précises et son air bienveillant, vous vous êtes laissé aller, narrant avec force détails votre vie intime intérieure. Alors qu'elle part chercher les remèdes qui vous sauveront du naufrage, vous tournez négligemment la tête vers le client de la caisse voisine… Livia, la pin-up du marketing, vous dévisage, le cœur au bord des lèvres.

Comment réagir ? À part vous jeter ventre à terre et feindre une crise de démence, ou encore mettre le feu à la boutique de votre gentille apothicaire pour faire diversion, nous ne voyons guère d'issue au fait que la bomba vous associera à des intestins malades (eurk) pour l'éternité.

★ Chez le coiffeur

La scène: Venue faire votre balayage semestriel, vous attendez patiemment que les mèches « prennent », la tête intégralement recouverte d'une afro de science-fiction faite de couches de film transparent, d'un produit blanc suspect, de Sopalin et de papier d'alu superposées. Totalement inconsciente du danger qui vous guette, vous bouquinez tranquillement Gala engoncée dans votre peignoir infantilisant le sourire aux lèvres lorsque… votre boss, carrément, s'installe au shampoing l'air bougon, avant de totalement changer d'expression quand il vous aura finalement reconnue sous cet attirail futuriste.

Comment réagir? Ne pouvant décemment pas vous enfuir, au risque de traumatiser une communauté entière, vous n'aurez d'autre choix que de sourire poliment avant de vous planquer derrière votre magazine (bon choix de format, le Gala!) en espérant que l'importun ne vienne pas vous parler.

★ Sur Facebook

La scène: Oui, avec le temps, vous avez appris à accepter vos collègues en « profil restreint », parvenant ainsi à ne pas les vexer tout en ne leur donnant accès à presque aucun élément de votre vie privée. Las, il se trouve que Mathilde, votre assistante, se trouve être amie avec une de vos anciennes copines de classe, qui a récemment posté des photos de vous ado, mèche rose, peace and love autour du cou, main dans la main avec l'avorton maigrelet grand amour de votre vie de l'époque, le tout devant votre poster préféré de Bernard Minet…

Comment réagir? Demandez illico à votre copine de classe de vous détaguer, voire de supprimer complètement la photo. Quant à Mathilde, si elle n'ose pas faire allusion à votre cuisante humiliation, faites également celle qui ne s'est rendu compte de rien.

★ À un enterrement de vie de garçon/ jeune fille

La scène: ivre mort(e), affublé(e) d'une perruque multicolore, d'un maquillage outrancier voire, si vous êtes un homme, entouré de strip-teaseuses plus ou moins distinguées, vous chaloupez dangereusement sur la scène du Macoumba, lieu que vous avez sélectionné avec soin pour fêter dignement la fin du célibat de votre meilleur ami. Quand soudain, sans prévenir, vous voyez passer par-dessus les tétons arrogants de Cynthia la tête de votre client allemand, manifestement très étonné de vous croiser dans cet accoutrement des plus inattendus.

Comment réagir? Évaluez à la louche le degré de festivité de votre interlocuteur et décidez selon le cas de lui serrer cérémonieusement la main avant de vous infliger les 5 minutes obligatoires de conversation ou embarquez carrément M. Schnabel dans cette folle soirée qui est la vôtre, laquelle pourrait même vous ouvrir des perspectives professionnelles inattendues.

Les 10 choses que les hommes détestent le plus au travail *

1. Bureau en désordre (74 %)
2. Trop de pulvérisation de parfum ou de lotion après-rasage (66 %)
3. Parler trop fort au téléphone (47 %)
4. Être en retard (40 %)
5. Prendre trop de temps au déjeuner (35 %)
6. Manger de la nourriture nauséabonde (29 %)
7. Trop de pauses-cigarette (28 %)
8. Les collègues qui parlent trop (22 %)
9. Ne pas être organisé (11 %)
10. Impolitesse (9 %)

* Sondage commandé par la marque lifestyle de luxe Nicoccino et relayé par le Dailymail

Les 10 choses que les femmes détestent le plus au travail *

1. Manger de la nourriture nauséabonde (82 %)
2. Être en retard (67 %)
3. Trop de pauses-cigarette (51 %)
4. Mauvaise hygiène (34 %)
5. Ne pas être organisé (33 %)
6. Bureau en désordre (29 %)
7. Les collègues qui empruntent des fournitures de bureau et ne les rendent jamais (25 %)
8. Parler au téléphone trop fort (23 %)
9. Prendre trop de temps au déjeuner (17 %)
10. Tenue inappropriée au travail (10 %)

* Sondage commandé par la marque lifestyle de luxe Nicoccino et relayé par le Dailymail

Votre boss est-il un gros con ? 10 signes qui le prouvent…

1. Il vous salue 1 fois sur 2 quand il vous croise dans l'ascenseur : en clair, il ne consent à noter votre présence dans ce lieu neutre que s'il est seul ou qu'il n'a pas son téléphone dans la main pour lui fournir une diversion.

2. Il oublie votre prénom 1 fois sur 2. Si ça se trouve, c'est même pour cette raison qu'il ne vous salue pas, et c'est pas reluisant.

3. Il n'hésite pas à faire des commentaires au sujet des jambes ou des seins de telle employée qui passe devant vous, et compte sur vous pour vous joindre à la discussion comme si vous étiez son bon pote.

4. Il passe la majeure partie des réunions à envoyer des e-mails sur son Smartphone ou son portable ou alors il vous interrompt devant tout le monde, vous faisant vous sentir comme une merde.

5. Il n'est jamais à l'heure quand vous avez rendez-vous et dispose de vous comme si c'était normal parce qu'il est bien plus important que vous.

6. Il ne vous demande jamais comment ça va ou si vous avez passé de bonnes vacances, faisant comme si vous étiez un robot qui n'a pas d'existence réelle en dehors du bureau.

7. Si vous avez un délai à respecter pour un document ou un e-mail à envoyer, il ne manque pas de vous appeler toutes les demi-heures afin de vous mettre la pression, comme si vous aviez besoin de ça.

8. Il ne vous félicite jamais pour votre travail, même quand vous atteignez votre objectif.

9. Pire, il ne peut s'empêcher de pointer du doigt ce qui ne va pas, juste pour garder un ascendant sur vous.

10. Il préférerait être enterré vivant que de reconnaître devant vous qu'il a fait une erreur.

Comment fayoter au bureau en 5 leçons ?

★ Fayoter en discussion avec son boss

Le pitch: votre supérieur revient de vacances, et vous vous retrouvez en pleine conversation de rentrée avec lui. Vous ne pourrez pas y couper : de bon matin, vous êtes contraint d'écouter ses aventures de voile / trekking / randonnée / équitation ou tout autre sport, avec moult détails.

À faire: en parfait fayot, vous vous devez de le relancer. Plusieurs types de questions s'offrent à vous, de la simple question de relance à celle du connaisseur, qui pourra « créer une connivence technique avec le conteur ». Toutes n'ont qu'un seul but : flatter l'ego de votre interlocuteur.

À ne pas faire: parler de vos vacances. Faites tout pour les faire oublier.

★ Fayoter avant un départ en vacances

Le pitch: vous avez fayoté en restant valeureusement au bureau au mois d'août, vous prenez donc vos vacances en novembre. Alors que l'ensemble de l'open space sombre dans la déprime et la fatigue, il est temps de faire profil bas, pour ne pas rappeler au monde entier que vous allez vous la couler douce à Honolulu.

À faire: évitez tout le champ lexical des vacances (« plage », « soleil », « maillot de bain »), à commencer par ce mot lui-même, auquel vous préférerez « congé ». N'emmenez pas votre valise sur votre lieu de travail le jour du départ, et essayez tant bien que mal d'avoir l'air affligé de quitter le bureau.

À ne pas faire: rappeler à tort et à travers que vous ne serez pas là à partir du 11, bombarder Facebook de photos de cocotier une fois là-bas, déblatérer sur votre séjour à votre retour.

★ Fayoter pour demander une augmentation

Le pitch: les temps sont difficiles et malgré tous vos efforts de fayot, pas la moindre augmentation. Bien que ce soit à l'opposé des techniques de fayotage, il existe quelques petites astuces pour obtenir un 3 % de plus (amplement mérité).

À faire: il est temps de faire comprendre à votre hiérarchie qu'on vous tourne autour. Laissez négligemment traîner une (fausse) proposition d'embauche mieux rémunérée. Sinon, négligez votre apparence pour paraître dans le besoin : un peu de Scotch pour donner un look rafistolé à vos lunettes fera l'affaire.

À ne pas faire: demander une augmentation comme un quémandeur rampant.

★ Fayoter alors qu'on est enceinte

Le pitch: votre bidon devient difficile à cacher et vous savez d'avance que votre congé maternité tombe à un très très mauvais moment pour votre entreprise. Avec angoisse, vous vous rappelez avoir dit lors de votre entretien d'embauche que jamais vous n'auriez d'enfants.

À faire: cachez cet air mi-absent, mi-satisfait et cessez de consulter des sites d'articles de puériculture. Présentez la plus grande joie de votre vie avec un vocabulaire négatif: c'est un imprévu qui vous tombe dessus au mauvais moment.

À ne pas faire: notez bien qu'une fayote ne prendra son congé pathologique qu'en cas d'extrême besoin.

★ Savoir quand fayoter

Le pitch: vous aviez tout préparé pour une belle séance de fayotage en règle. Discours rodé, gestuelle en place, arguments imparables. Et puis vous n'avez pas pris garde à l'heure, et arrivez dans le bureau de votre supérieur à un moment inopportun: prêt à partir, il se demande ce que vous pouvez bien faire là.

À faire: respecter la courbe des horaires du fayotage définie par Benjamin Farbe. Pour ce qui est des horaires d'impact, vos chances de réussir à intéresser votre hiérarchie connaissent un pic entre 16 heures et 19 heures Meilleur jour? Le vendredi, à l'approche du week-end.

À ne pas faire: « Fayoter le lundi matin à 8 heures équivaut à essayer d'éplucher une carotte avec son coude », qu'on se le tienne pour dit.

Training

Pour 92 % des employés interrogés, L'utilisation d'Internet au bureau n'a aucune incidence sur leur productivité. *

* Selon une étude réalisée par le *Think Tank Pew Research*

Les secrets de vos collègues les plus performants

On connaît tous quelqu'un dans l'open space qui, en un tour de main, abat plus de travail que tous ses collègues réunis. Serait-il doté de superpouvoirs ? Non, il connaît simplement quelques règles simples qui, si elles sont appliquées quotidiennement, vous permettront vous aussi d'optimiser vos capacités et votre temps de travail.

★ Être organisé

Cela peut paraître tout simple, mais l'organisation est la première règle que vos collègues productifs appliquent chaque jour de la semaine. Ainsi, si ranger votre bureau vous paraît être la tâche la plus rébarbative du monde, il serait pourtant peut-être temps de vous y mettre. Vous gagnerez ainsi de précieuses minutes à ne pas chercher un courrier ultra-urgent ou simplement votre agrafeuse sous des piles colossales de dossiers.

N'hésitez pas non plus à tenir compte de votre rythme de travail pour mieux organiser vos journées.

Vous êtes davantage performant à votre arrivée au bureau le matin et connaissez régulièrement un coup de fatigue en début d'après-midi ? Il vaut alors mieux mettre à profit vos matinées pour vous atteler aux dossiers compliqués. Vous pourrez ainsi vous acquitter des tâches moins urgentes après le déjeuner.

★ Bien définir ses priorités

Vous avez l'habitude, alors que vous êtes en plein travail, de consulter 10 fois vos mails et d'aller vérifier votre compte Facebook ? Mauvaise idée ! Pour être plus productif, il serait judicieux de ne vous concentrer que sur une seule tâche à la fois. N'hésitez donc pas à bien définir vos priorités lorsque vous arrivez le matin. Cela vous évitera ainsi de disperser votre attention et vous serez donc plus performant.

Vous vous sentez submergé mais n'osez pas demander de l'aide pour un dossier ? Il ne faut pourtant pas avoir de scrupules : vos collègues hyper-productifs l'ont bien compris, déléguer et prioriser ses missions est primordial. Vous pourrez ainsi mieux vous concentrer sur des tâches plus spécifiques.

Osez également dire non ! Lorsque les points de votre « to do list » s'accumulent et que l'on vous propose de nouvelles missions, il faut parfois savoir décliner les propositions afin de mieux se concentrer sur les projets qui nous accaparent déjà.

★ Oser prendre soin de soi

Vos collègues hyper-productifs ne sont pas des machines : ils prennent également du temps pour eux et font attention à leur santé. Faites comme eux en n'hésitant pas, aux moments de la journée où vous vous sentez flancher, à prendre quelques minutes de pause pour vous ressourcer. Surveillez également votre alimentation ! Vous êtes adepte du menu steak-frites/soda au déjeuner ? Optez plutôt pour une salade, car manger gras favorise la somnolence. En ayant une alimentation plus saine, vous vous épargnerez ainsi le coup de barre d'après-déjeuner.

Enfin, dès que vous pouvez, bougez ! Rester assis durant 8 heures sur sa chaise de bureau ankylose nos muscles et nous prive d'énergie. Aussi, prenez quelques minutes chaque jour pour étirer vos jambes et décontracter vos muscles.
Mieux : prenez le temps de vous dégourdir les jambes dès que vous le pouvez, notamment au moment de la pause-déjeuner, cela vous reboostera pour le reste de la journée.

9 citations pour vous remotiver

1. À celui qui ne comprend pas pourquoi les résultats attendus ne sont pas au rendez-vous:

« Si tu fais ce que tu as toujours fait, tu obtiendras ce que tu as toujours obtenu » (Tony Robbins)

2. Pour rafraîchir les cerveaux du marketing:

« J'ai appris que les gens oublient ce que vous dites, les gens oublient ce que vous faites, mais les gens n'oublient jamais ce que vous leur faites ressentir » (Maya Angelou)

3. Pour un briefing sur le plus gros budget de l'année:

« Tout ce que vous avez toujours voulu se trouve de l'autre côté de la peur » (George Addair)

4. Pour celui qui n'y croit plus:

« Celui qui pense que ce n'est pas possible ne devrait pas interrompre celui qui est en train d'essayer » (proverbe chinois)

5. Pour le pot de fin d'année :

« La seule façon de faire du bon boulot, c'est d'aimer ce que vous faites » (Steve Jobs)

6. Pour relancer le projet de la dernière chance :

« Le meilleur moment pour planter un arbre c'était il y a 20 ans. Le second meilleur moment c'est maintenant. »

7. À ceux qui manquent de créativité et d'audace :

« Tu ne pourras pas traverser l'océan avant d'avoir eu le courage de perdre de vue le rivage » (Christophe Colomb)

8. Pour exaspérer un stagiaire :

« Les deux jours les plus importants de ta vie sont celui où tu es né et celui où tu comprends pourquoi » (Mark Twain)

9. Refus d'augmentation : pour faire passer la pilule

« Ne pas obtenir ce que tu désires constitue parfois un merveilleux coup de chance » (Dalaï-lama)

10 astuces pour ne plus être en retard le matin

Marre d'arriver au bureau tous les jours avec un quart d'heure de retard, le brushing qui frisotte et une tache de beurre sur votre chemisier plein de faux plis ? Voici nos conseils pour optimiser votre 7-9.

★ Mesurez l'ampleur du phénomène

Malgré tous vos efforts, il ne se passe pas une journée sans que vous soyez en retard à votre boulot. Reconnaissez que cette situation n'est pas franchement agréable et qu'elle a de vraies répercussions sur votre vie de tous les jours. Vous avez le sentiment de passer votre temps à courir. Et ce n'est pas faux. Démarrer sa journée en sautant du lit, cavaler dans les transports après avoir laissé ses enfants à l'école. Tout ça pour arriver au bureau ébouriffée et encore mal réveillée alors que tout le monde fait déjà semblant de travailler. Que de stress…

★ Ne prenez plus vos rêves pour des réalités

Non, personne ne se prépare en 10 minutes (douche comprise) le matin, à part si c'est pour aller à la plage en paréo. Idem pour la station de métro, elle ne se trouve pas à 3 minutes de chez vous mais plutôt à 5 minutes et encore en marchant très vite. Tout comme le trajet en voiture, c'est seulement en plein mois d'août qu'il dure un quart d'heure. Force est de constater que votre vision du temps est totalement subjective. Vous ne comptez pas la forte probabilité de rater un bus ou de tomber dans un embouteillage. Pourtant, ces impondérables se produisent bien plus souvent qu'on ne l'imagine.

★ Faites le bilan de votre temps

Maintenant que vous avez pris conscience de votre étrange interprétation de l'horloge, évaluez correctement le temps dont vous avez besoin le matin. Notez ce que vous avez l'habitude de faire et aussi les petites choses qui s'accumulent : le téléphone, Internet, la télévision… Pourquoi ne pas vous chronométrer ? Vous pouvez évaluer le temps qu'il vous faut pour quitter la maison le matin, en calculant à partir du moment où sonne votre réveil jusqu'à ce que vous fermiez la porte de la maison.

★ Ne remettez plus au lendemain matin

La spécialité du retardataire, c'est la procrastination. Et vous ne faites pas exception. Remettre au lendemain, repousser les tâches, c'est votre spécialité. Résultat, vous vous retrouvez le matin en panique à devoir lancer une lessive, dresser la table du petit déjeuner et repasser un pull en même temps. Cela aurait été si simple de vous débarrasser de tout ça la veille.

Dans la série « activités mangeuses de temps », il y a le lavage de cheveux. À effectuer absolument le soir si l'on a une fâcheuse tendance à être à la bourre (et à frisotter !). Vous repassez régulièrement au petit matin voire vous avez déjà séché une jupe au sèche-cheveux en mangeant vos tartines ? Tss, perte de temps maximale. La veille au soir, préparez vos vêtements et vos accessoires. Si vous avez oublié de le faire, visualisez le tout avant de vous endormir, c'est normalement à ce moment-là que vous réaliserez que vous n'avez pas sorti votre jupe du lave-linge…

★ Avancez la sonnerie de votre réveil d'un quart d'heure

Dernier conseil plus pragmatique. Avancer votre réveil d'un quart d'heure ne changera pas grand-chose sur votre quota d'heures de sommeil mais au moins, vous vous sentirez plus détendue au moment de vous préparer. Et qui sait, vous pourrez peut-être vous payer le luxe de partir en avance ? Bien sûr, ce gain de temps implique que vous n'appuyiez jamais sur la touche « Snooze » du réveil…

★ Petit-déjeunez vite et bien

Pas question de faire l'impasse sur le petit déj' pour gagner un quart d'heure de sommeil. Si vous avez préparé lunch-box, vêtements et mise en pli la veille, vous avez tout à fait le temps de vous régaler le matin. Une orange pressée, 5 biscottes, une boisson chaude (mettez-vous au lait pour refroidir le breuvage) = un petit déj' rapide et efficace qui vous évitera d'avaler 5 biscuits devant votre ordi en tapant votre premier compte rendu.

★ Écoutez la radio

Ça réveille, ça booste, ça met au courant et ça donne l'heure sans avoir à checker son portable toutes les 5 minutes. Au bout d'un moment, vous saurez que vous devez avoir fini de petit-déjeuner au moment de l'éphéméride de Frédéric Pommier et que vous devez avoir quitté les lieux à la fin du grand journal de 8 heures. Plus jamais en retard.

★ Ne checkez pas vos mails

N'allumez pas votre ordinateur, ne cliquez pas sur cette petite enveloppe qui clignote sur votre Smartphone. Vous n'avez pas le temps d'organiser une réunion ou de participer à une cagnotte Leetchi au réveil. Dans le métro ou dans le bus en revanche…

★ Rangez les essentiels au même endroit

Quand vous rentrez chez vous, vous jetez vos clés un soir sur la table de la cuisine, un autre sur le canapé, un autre sur la console de l'entrée ? Et vous laissez votre carte de transport dans la poche d'un de vos nombreux manteaux ? Pensez à rassembler avant de vous coucher tous vos essentiels de la journée (clés, carte de transports, portefeuille, portable) dans votre sac ou à un endroit précis. Fini la panique « *J'ai-pas-mon-Navigo* » de 8 h 30.

★ Maquillez-vous au bureau

Au lieu de perdre 10 minutes à vous maquiller chez vous, faites-le au bureau directement. Un vrai gain de temps ! Ce conseil est à éviter si vous avez repéré un beau mec dans le bus ou si vous y croisez fréquemment votre boss sur votre parcours matinal.

Ces phrases chocs qui vous remettent un coup de boost

★ « Il faut se donner les moyens de ses ambitions »

Pourquoi ça nous booste?

Parce que, quand on lit les bios des « gens qui ont réussi », on se rend bien compte que le « tout cuit » ça n'arrive pratiquement jamais. Et que, pour accomplir son destin, il faut souvent faire des sacrifices, des concessions, des efforts… Bref, plein de choses pas folichonnes de prime abord.

Qu'est-ce qu'on fait, du coup, tout de suite?

On arrête de se limer les ongles de pied le vendredi soir devant « Koh-Lanta » et on s'inscrit à un cours de chinois parce que, bientôt, ça sera la langue des affaires!

★ « Ne remets pas à demain ce que tu peux faire le jour même »

Pourquoi ça nous booste ?

Parce qu'on le sait bien, au fond, que demain ça sera la même chose… en pire ! Parce que le dossier aura encore grossi, que la « deadline » (*sic !*) se sera dangereusement rapprochée et que la crise d'angoisse ne sera pas loin.

Qu'est-ce qu'on fait, du coup, tout de suite ?

On remet le débriefing compta-stagiaire à plus tard, il n'en sera certainement que meilleur, et on tranche dans le gros dossier illico presto !

★ « C'est dans la tête que ça se passe »

Pourquoi ça nous booste ?

Parce qu'on est tellement énervée par cette phrase ridicule que ça détourne notre attention du véritable sentiment qui avait pris possession de nous : la PEUR.

Qu'est-ce qu'on fait, du coup, tout de suite?

On met un coup de boule à l'individu horripilant qui vient de faire cette sortie mémorable et, dynamisée par tant de hardiesse, on saute dans le vide! À nous la promotion!

★ « Ne passe pas à côté de ta vie »

Pourquoi ça nous booste?

Parce que c'est vrai que, on a beau être correctement payé pour ce job devenu tellement routinier qu'on le fait sans réfléchir, il manque bien un petit quelque chose, dans notre vie. Et que, même si quitter Séverine va nous fendre le cœur, dans la nouvelle boîte y a un CE qui fait 50 % sur la salle de gym.

Qu'est-ce qu'on fait, du coup, tout de suite?

On rappelle fissa la nouvelle boîte en espérant qu'ils n'aient pas changé d'avis!

★ « Ce qui ne tue pas rend plus fort »

Pourquoi ça nous booste?

Parce qu'il y a l'idée d'épreuve, de truc à prouver, un côté médiéval, chevalier de la Table ronde. Ah ah, j'en suis revenue, moi, de l'Islande ! J'ai survécu, messieurs-dames ! Eh ben je suis vachement plus forte que vous, faites très attention !

Qu'est-ce qu'on fait, du coup, tout de suite?

On dit : « O.K. Reykjavik baby ! »

4 profils de losers : ces gens qui ne peuvent pas réussir en entreprise

★ L'ingénu

Ce nigaud (ou cette nigaude) n'est pas méchant(e), et c'est bien ce qu'on lui reproche. Il avale tous les discours qu'on lui sert sans esprit critique et sans suspicion aucune, qu'il soit face à son boss ou à un commercial véreux. Il pense ou se plaît à penser que l'entreprise est une deuxième famille où la communication se doit d'être transparente, où l'on peut travailler en harmonie dans la confiance et le respect de l'autre malgré les hiérarchies. Manquant d'esprit de contradiction et un peu lâche, l'ingénu est souvent un fayot qui s'ignore.

Comment le reconnaître? Il est le seul satisfait de son augmentation de salaire de 20 euros l'an dernier, convaincu que l'entreprise a fait un bel effort.

★ Le routinier

Celui-ci se prend pour le gardien du temple, pourtant il n'est pas brave pour un sou. C'est pourquoi il agit rarement en solitaire. Il était là « à la naissance de la boîte » et ne vous laissera pas déranger ses méthodes de travail éprouvées depuis des lustres. Aussi méticuleux et rigide qu'un bibliothécaire, le routinier va vous plomber le moral avec des phrases comme « on a déjà essayé » ou « on n'a pas l'habitude de faire comme ça ». Fuyez-le et restez dans le périmètre des jeunes recrues pour ne pas finir comme lui.

Comment le reconnaître? Il est le plus accueillant avec les petits nouveaux, qu'il espère faire passer sous sa coupe. Toujours dispo pour vous donner des conseils « pour vous adapter à la culture de l'entreprise », il aime dire haut et fort avec une feinte autodérision qu'il « fait partie des murs ».

★ L'anxieux

Lui, il en a bavé pour arriver là où il est, et il se sent en danger aussitôt qu'il entend un compliment du boss à un autre, qu'un nouvel embauché fait l'unanimité ou qu'il est lui-même en difficulté sur un projet. Incapable de demander de l'aide, il peut s'enfoncer très bas si personne ne vient le sauver ou le rassurer. Ne le laissez pas seul et soyez sa bonne Samaritaine, mieux vaut être de son côté lorsqu'il se sent menacé.

Comment le reconnaître? Il a bonne réputation, on loue son autonomie et son professionnalisme. Son niveau de stress pourra se répercuter sur sa consommation de café ou sur sa sudation, mais jamais sur son travail. Il n'aime pas les réunions et préfère bosser dans son coin.

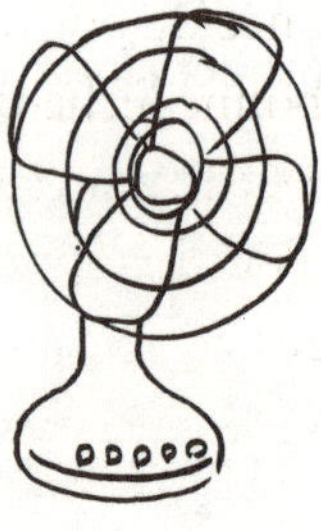

★ Le connard/La connasse

C'est celui qui fait toujours passer les autres pour des fainéants, ou qui profite de toutes les situations de faiblesse de ses collaborateurs pour les rabaisser plus bas, mais toujours sur le ton de l'humour. En général il/elle a un certain charme qui l'aide à se faire apprécier des ingénus. Il coupe la parole, n'écoute pas ce que vous lui dites, a des idées toutes faites et entre en réunion sans avoir rien préparé. Il peut malheureusement aller loin et gravir les échelons, mais pour le commun des salariés, il reste un loser détestable.

Comment le reconnaître? Le connard peut être un macho qui considère le congé maternité comme des « vacances » pas toujours méritées. La connasse peut être une mère de famille qui vous fait remarquer insidieusement que vous avez bien de la chance de pouvoir faire des nocturnes en bonne lèche-cul que vous êtes, « puisque vous êtes célibataires et n'avez pas d'enfants » (grrr). Pour le supporter, apprenez à gérer vos émotions.

Trousse de secours

« Les ordinateurs de bureau présentent d'intéressantes possibilités de communication professionnelle. Vous pouvez coller des *Post-it* au bord de l'écran ! »

Dave Barry

Le guide de la conversation d'ascenseur

Lieu clos et intime dans lequel on se retrouve entassé, condamné à meubler le vide pendant un temps souvent trop long, l'ascenseur en entreprise pose l'inévitable question de la conduite à tenir. Silence plombant, débit catapultique, proximité physique exagérée, intimité dévoilée…
Suivez notre mode d'emploi des conduites à éviter et des sujets bateaux à privilégier pour vivre sereinement cette épreuve.

★ Entre collègues:

• **La météo**: « Non mais quel froid, hein ! En avril ! Et dire que l'année dernière on prenait déjà des pots en terrasse ! » Ultra-old school mais universel, unisexe et intergénérationnel.
Le risque: le mépris que vous inspirerez peut-être.

• **Les vacances/congés/ponts…** : « Tu pars, ce week-end ? »/« C'était bien, tes vacances ? »/« Il a fait beau ? » /« T'as posé tes jours ? »/« Il te reste des RTT ? »
Le risque: passer pour une feignasse.

• **Les enfants** : « Ça va, les enfants ? »/« Alors, comment ça se passe, l'école, pour Gaspard ? »/« Tu as trouvé une nounou ? »
Le risque : tomber sur un sans enfant.

• **Le « trajet » lui-même** : « Dis donc, c'est l'heure de pointe (rire) ! » (quand il s'arrête à tous les étages).
Le risque : que personne ne monte.

★ En rendez-vous à l'extérieur :

• « Vous avez de beaux locaux ! » (sauf si moquette arrachée et plafond branlants).

• « Vous avez trouvé facilement ? » (sauf si sur les Champs-Élysées).

• « Vous êtes à quel étage ? » + « Et aux autres étages il y a… ? » (sauf si air soupçonneux de l'hôte).

• « Le quartier est sympa, non ? » (sauf si périphérie de Montrouge. Remplacer alors par « beaux locaux »).

• « Désolée je suis un peu en retard/en avance », même si c'est faux. À utiliser en cas d'absolu néant conversationnel.

• « J'ai vu que vous aviez eu une belle actualité ! Félicitations ! » (sauf si suicides en rafales dans l'entreprise ou plan social).

Les mails à éviter

On s'est tous rendus coupables au moins une fois de cyberlapsus. Alors la prochaine fois, on tournera 7 fois notre pouce… enfin nos doigts, avant de frapper sur le clavier. Top 7 des mails à éviter.

★ Le drame de la copie carbone

« Une petite enveloppe vous attend sur le bureau de Laure pour le pot d'Alexandra. » Et là CC le drame, vous avez mis ladite Alexandra en copie. Dans votre boîte mail, un virus passe.

★ L'abus de novlangue

« FYI, I g2g, et comme je suis charrette, on en reparle ASAP ? » Deux possibilités : avouez votre incompréhension face à tant de signes barbares, ou allez chercher l'aide de Google, pour plus de discrétion.

★ Le « bisous » de trop

« Je cherche des témoignages, si vous connaissez des personnes intéressées, appelez-moi ! Bisous. » Préparez-vous à être moquée, mais rassurez-vous, avec le temps, ça finit par passer.

★ L'ironie du message d'absence

« Laissez un message quand même, au cas où je reviendrais. » Évitez de remuer le couteau dans la plaie, vous êtes à Capri, mais pour les autres, le boulot, ce n'est pas fini.

★ Le comique de répétition

Objet : « Le LOL du vendredi. » Cinquième du nom, il a été précédé par le « LOL du lundi, mardi, etc. » Optez donc pour une parution hebdomadaire.

★ L'overdose de smileys

« Personne pour un café ?!!!!!? ;-(» La smileyite aiguë est souvent liée au symptôme de la ponctuation multiple, du coup ça commence vraiment à faire beaucoup. Non ?????? Vous ne trouvez pas ??!!!! ;-)

★ Le tout-numérique

« Tu peux me prêter ton agrafeuse ? » Pourtant à 2 caissons de là, il y a un être humain qui aurait apprécié d'entendre votre voix pour répondre à cette question-là.

Les 4 conversations de rentrée qui nous soûlent avant même d'être parti en vacances

★ Point soleil : « T'as pas eu beau temps ? »

Alternative pour les collègues les moins bien informés : « Tu avais pris tes vacances avant juillet ? », référence à votre teint pâlichon. Hélas ! Revenir avec un hâle ensoleillé et les épaules dorées n'est pas l'apanage de tous, et les peaux les plus sensibles sont contraintes à se tartiner d'indice 50 plusieurs fois par jour sous peine de revenir cramoisies. Même après 3 semaines sous le soleil brûlant de Saint-Michel-de-Chabrillanoux (Ardèche), la peau revient aussi blanche qu'à l'aller. Maigre consolation : la crème solaire s'avère être un excellent anti-âge, et quand viendra le temps des rides et autres taches, l'heure de la revanche sonnera pour les pâlichonnes.
À bon entendeur…

★ Snobisme parisien : « C'est plus ce que c'était, fallait y aller il y a 10 ans »

Valable avec la Croatie, les îles grecques, le Maghreb, et à peu près n'importe quelle destination un tant soit peu touristique et tendance. Peut varier avec « il y a 15 ans », « il y a 20 ans » et plus encore. Votre interlocuteur laisse ici sous-entendre qu'il était ultra-avant-gardiste en choisissant cette destination et que vous n'êtes par conséquent qu'un suiveur, un de ces touristes sans pitié qui saccage la beauté sauvage et autrefois préservée de ce lieu. Las ! L'année prochaine, clouez le bec de ces vantards en choisissant vous aussi une destination ultra-avant-gardiste dans les Balkans. Dans 5 ans, vous pourrez alors dire : « Ce n'est vraiment plus ce que c'était ! »

★ Radio ragots : « Tu sais pas la dernière ? »

Non, après 2 semaines d'isolement en Corse, vous ne savez pas la dernière. Ni même l'avant-dernière si ça se trouve. Et vous avez envie d'éructer : « Et je m'en fous ! » Car apprendre que Sylvie a perdu son chat, que Marie s'est fait larguer et que Pedro s'est cassé le coccyx en glissant sur le dance floor du Macumba, très peu pour vous. Les ragots attendront les mois de déprime hivernale. Car finalement, ce retour aux bruits de couloir et autres commérages, c'est une manière un peu trop brusque de replonger dans la réalité. Pauvre de vous, qui étiez encore – dans votre tête – bercée par les odeurs de myrtes et de cistes blancs du maquis.

★ Informations détaillées : « Le petit dernier a eu la gastro »

Dîner en ville. Alors que vous avez condensé votre semaine palpitante de vacances en 1 phrase et 3 points clés (« Temps pas terrible mais très bons dîners et activités sympas »), votre interlocuteur s'égare lorsque vous retournez poliment la question. Le voilà en train de divaguer sur la gastro de l'un de ses enfants tout en montrant sur son Smartphone le château de sable de l'autre (rebelote, vous l'aviez déjà vu sous toutes les coutures sur Facebook). Et de détailler sa semaine dans le Finistère, intimité familiale comprise : « Mardi la sœur de ma femme est passée avec ses enfants et leurs amis, ils ont apporté des saucisses mais le barbec' était cassé, heureusement le mercredi… » Aïe : TMI *.

* *Too much information*

Ces petites phrases qu'on ne devrait jamais prononcer au bureau

★ L'excuse parfaite (ou bidon)

J'ai expliqué lors d'un apéro entre collègues que les meilleures excuses pour sécher une journée de boulot un lendemain de cuite sont :
un lumbago/une rage de dents/une crise d'asthme.
Après avoir justement eu une – vraie ! – crise d'asthme la semaine précédente…
(Gwendoline, 28 ans)

★ Le lapsus

Au retour d'une pause-déj', à mes collègues :
« On a croisé les frères Bogdanov sur le chemin de la cantine. Vous savez, ceux qui parlent de la théorie du gang bang. »
Résultat : la phrase est restée des mois sur l'ardoise de la créa'.
(Cécile, 28 ans)

★ L'esprit d'équipe

« Je ne suis pas très sociable, j'aime bien qu'on me foute la paix. » J'ai prononcé cette malheureuse phrase pendant un déjeuner avec mon équipe, alors que j'étais censée être leur nouveau manager. Je leur avais expliqué que le monde de l'entreprise ne me plaisait pas forcément et que j'aimais travailler seule. Bravo pour une première approche de team-building !

(Juliette, 30 ans)

★ Faute avouée…

Une soirée entre collègues, nous buvons quelques verres et rions des petites manies de chacun. Mais quand vient mon tour, je crois bon d'ajouter : « Ah non mais moi de toute façon, je n'ai jamais su être à l'heure. »

(Marie, 26 ans)

★ Génération Y

Avec quelques collègues nous avions une discussion, constatant qu'il n'y avait que peu de personnes de plus de 40 ans dans notre boîte. Pensant lui faire plaisir, je demande alors à mon voisin de droite : « Tu n'as pas plus de 40 ans toi au moins ? » Il m'a alors répondu : « Non, j'en ai 30… » Autant dire qu'il y a eu un froid.

(Caroline, 27 ans)

★ Cette fois, c'est la bonne ?

« J'envisage sérieusement de changer de boulot avant la fin [au choix] de la semaine, du mois, de l'année, de la décennie [selon l'humeur] » : c'est une phrase que je dis souvent mais que je regrette chaque fois.

(Julie, 29 ans)

★ Workaholic

Alors que je sortais du bureau, vendredi dernier, pour ne plus y revenir avant 3 semaines : « Je pars en vacances, mais j'ai mon PC. »

(Nicolas, 32 ans)

Comment aller aux toilettes élégamment au bureau ?

1. Évitez d'y aller en même temps que quelqu'un ou la première

Au bureau, laissez vos collègues se ruer aux toilettes au retour de la pause-déj', puis allez-y à leur retour. Idem lorsque vous rentrez chez vous avec votre homme. Toujours préférable de patienter quelques minutes pour voir s'il ne compte pas y aller plutôt que de faire votre grosse commission et d'avoir la mauvaise surprise de découvrir en sortant qu'il souhaite prendre le relais.

2. Ne téléphonez pas depuis votre trône

Que ce soit pour téléphoner ou pour textoter, apporter son téléphone aux toilettes est tout sauf hygiénique. En outre, dans le premier cas, vous vous feriez cramer en 2 secondes, cette pièce intime ayant le don de résonner comme nulle autre.

3. Le papier toilette sur la lunette

S'asseoir sur la lunette, hors de question, et la nettoyer avec du papier toilettes n'enlève pas réellement les microbes. Il ne reste alors que 2 solutions : jouer l'équilibriste (très bon pour muscler les cuisses mais périlleux si l'on vise mal) ou déposer des bandes de papier sur la lunette pour pouvoir y asseoir son vénérable postérieur en toute tranquillité.

4. Un petit coup de pschitt

Si vous ne trouvez pas de désodorisant dans les toilettes, peut-être avez-vous un échantillon de votre parfum dans votre sac à main ? Dans ce cas, n'hésitez pas à en asperger la pièce. Mieux vaut que votre successeur pénètre dans une pièce qui cocotte le parfum plutôt qu'autre chose.

5. Toussez

Technique numéro 1 pour atténuer un bruit éventuel : la quinte de toux. Connue comme le loup blanc, elle reste néanmoins préférable à quelques gaz tapageurs.

6. Faites couler de l'eau

Faire couler le robinet d'eau apparaît également comme une excellente alternative pour faire diversion. Évidemment, encore faut-il pour cela qu'il y ait un lavabo présent dans la pièce où se trouvent les W-C.

7. Évitez de faire la causette

Non, on ne prolonge pas une discussion avec son mec de l'intérieur des cabinets. Aussi importante ou croustillante soit-elle, vous pouvez bien attendre quelques minutes pour l'achever. Idem avec vos collègues de travail.
Les W-C étant réputés comme lieu d'indiscrétion, il se pourrait bien que le trône qui vous sépare soit occupé par « Janine la relou des RH », celle-là même à qui vous êtes en train de tailler un portrait. Et plouf, vous voici dans une belle mouise…

8. Interdiction d'y aller avec un magazine

Acte antiglamour par excellence, il est absolument proscrit de se rendre aux toilettes un bouquin, une BD ou un magazine sous le bras. Bon, si l'un d'eux se trouve déjà à l'intérieur, passe encore… mais vous risqueriez de vous retrouver au point numéro 10.

9. Jetez un coup d'oeil à la cuvette avant de sortir

Parfois, tirer la chasse ne suffit pas à ôter toute trace de votre passage. À l'inverse, il arrive que celle-ci soit tellement puissante qu'elle en arrose la lunette. Pour l'une ou l'autre de ces raisons, il est toujours préférable de jeter un coup d'œil à la cuvette avant de quitter les lieux.

10. N'y passez pas 4 heures

Séjourner une plombe aux toilettes ne s'avère ni très excitant pour votre homme ni très productif pour votre boîte. Et, en prime, cela prive les autres d'aller y tenter leur chance.

11. Testez la chasse d'eau avant

Ce serait dommage de ne vous apercevoir qu'après votre grosse commission que la chasse d'eau ne fonctionne pas…

12. Vérifiez qu'il reste du papier…

Ces questions sur notre job qui nous horripilent

★ Mais ça consiste en quoi, exactement, ton boulot ?

À la question « Et tu fais quoi, dans la vie ? » vous avez répondu : « Je suis ingénieur étude et développement java j2ee ou java/C ++. » Forcément, une partie (flemmarde) de la population opinera lâchement du chef, vous faisant croire qu'elle a absolument compris de quoi vous parliez. En revanche, une autre souhaitera tout savoir sur cet obscur emploi qui est le vôtre.
« Euh… bah en fait je développe…
– Développe ? C'est-à-dire ?
– Ah euh… bon. Tu connais Internet ? »…
Passé la dixième expérience douloureuse de ce genre, vous opterez sans nul doute pour une autre tactique.

La bonne réponse ? Adaptez-vous à votre public. À votre grand-mère, répondez que vous êtes ingénieur. À votre ex, que vous bossez chez Google.

★ Et vous arrivez à gagner de l'argent avec ça ?

Que vous soyez entrepreneur vous-même ou membre d'une équipe en plein lancement de projet, vous aimez raconter l'« histoire » de votre boîte toute récente sur le marché, des étoiles plein les yeux. Si beaucoup adhéreront gentiment à cette seule version, les sceptiques, les financiers et les malintentionné(e)s ne manqueront pas d'appuyer là où ça fait mal (ou pas, d'ailleurs).

La bonne réponse ? Prendre un air mystérieux et répondre : « Nous sommes assez contents, oui… », un petit sourire satisfait et coquin aux lèvres. Que ce soit vrai ou non, ça ne mange pas de pain. Et comme on ne prête qu'aux riches, vous intéresserez peut-être le questionneur fou, potentiel investisseur.

★ T'as toujours pas été augmentée ?

Année après année, votre père/mère vous pose cette sempiternelle question. Longtemps, vous avez subi le « quand est-ce que tu vas avoir un vrai contrat ? » puis le classique « quand est-ce que tu passes en CDD ? » et enfin « quand est-ce que tu auras un "vrai salaire" ? » (entendu : quand est-ce qu'on peut enfin arrêter de te subventionner ?). Cette nouvelle question, insupportable au demeurant, a néanmoins l'avantage de vous pousser à aller gratter à la porte de votre boss de manière annuelle, avec ou sans résultats.

La bonne réponse? Plutôt que de dépecer vos géniteurs, fixez-vous pour objectif d'obtenir gain de cause auprès de votre employeur, histoire de leur répondre enfin crânement : « Eh si ! Ça t'en bouche un coin, hein ! »

★ Vous recrutez? Nan parce que j'ai un copain...

À moins de bosser aux pompes funèbres ou au péage de Saint-Arnoult, votre job peut parfois susciter bien des convoitises. Citons parmi les pires : éditeur (« Tiens, mais j'ai justement un manuscrit… »), médecin (« C'est normal si mon coude craque le matin ? »), employé chez Facebook/Google/ Apple

ou encore styliste (« T'as pas des prix sur les santiags Isabel Marant ? »). Résultats, vous croulez sous les CV et autres mails clins d'œil envoyés par ces nouveaux fans dès le lendemain de votre rencontre.

La bonne réponse? Vous dire que vous avez bien de la chance et que, à l'instar des people dont la contrepartie est de se retrouver à la une des magazines, vous pouvez faire un petit geste pour vos groupies.

★ Ah, super, tu dois avoir plein de temps pour faire des trucs à côté ?

« Je suis maman au foyer/assistante maternelle/instit'/auteure… » Nombre de métiers sont considérés par beaucoup comme des sortes de mi-temps pour oisifs désinvoltes en quête d'identité. Et pourtant, vous savez mieux que personne que votre quotidien vous laisse à peine le temps de respirer, passer 2 coups de fil au pédiatre et encore moins faire du shopping. C'est pourquoi, à l'énoncé de cette question tant attendue/entendue, la moutarde vous monte au nez et vous avez envie d'étrangler votre voisin de table avec sa cravate de banquier sorti du bureau à 17 heures pour aller faire du squash.

La bonne réponse ? Brutale : « Ouais, comme toi, on m'a dit que t'en foutais pas une ! » Ou plus subtile : « Tout à fait, d'ailleurs j'envisage de prendre un mi-temps en plus pour m'occuper. Vous cherchez du monde dans ta boîte ? »

9 appels qu'on ne peut pas passer au bureau

1. À votre mec

Le rendez-vous chez le pédiatre, votre marque de yaourt préférée et le ciné de ce soir, non, ça n'intéresse pas vos collègues. En revanche, ce petit nom que vous avez utilisé, ils sauront s'en souvenir.

2. À un restau triplement étoilé

Uniquement pour vous la raconter ? C'est moche.

3. À votre Best Friend Forever

Pour lui expliquer à quel point la pause-déjeuner pèse sur vos paupières après votre petit – mais vraiment petit alors – verre d'hier soir. « Rhaaaa moi non plus, j'ai encore rien fait depuis ce matin…, je dis que moi non plus. »

4. De votre mère

Parce que la conversation finira forcément par virer sur vos derniers problèmes de santé honteux. Vous allez donc devoir avouer devant assistance que, oui, votre gastro va mieux, et que sa recette de riz-banane a été de la plus grande efficacité.

5. De votre mère bis (en appel masqué)

Parce qu'il arrive que vous fassiez aussi office d'assistance informatique.

6. À une agence de voyages

Pour les mêmes raisons qu'en numéro 2, of course. Et on trouve ça toujours aussi moche.

7. Du recruteur

Celui-là même qui a la capacité de vous offrir le poste dont vous rêvez. Mais là, là, tout de suite, vous allez être coincée « Se voir ? Oui… samedi c'est possible pour vous ? »

8. À celui que vous allez engueuler

Nounou/collaborateur/mec : au choix. Dans tous les cas, c'est un moment difficile pour tout le monde, open space compris.

9. De votre fils

Parce que cf. la proposition numéro 4, la conversation va virer sur les problèmes de santé de junior. Mais cette fois c'est vous qui posez les questions et dévoilez un autre de vos surnoms favoris. Le dossier sur vous commence à s'épaissir.

Les 9 choses qu'on s'était promis de ne jamais faire au bureau

1. Prendre rendez-vous chez l'esthéticienne

Parce que, par un malheureux hasard, c'est au moment où vous prononcerez les mots « intégral, s'il vous plaît » que l'open space se taira… En même temps, elle pourrait savoir votre esthéticienne depuis le temps… Bah oui, franchement !

2. Parler de ses enfants à ses collègues célibataires

Quand vous l'étiez vous-même (célibataire), vous bâilliez d'ennui à l'évocation des rendez-vous chez l'ostéopathe de Noé ou des problèmes de vessie d'Emma, la fille de votre collègue Sabine, mariée, 2 enfants. Mmmh, et aujourd'hui, qui est-ce qui soûle tout son service avec la gastro de Tao, hein ?

3. Envoyer des blagues

Oui vous savez, ces blagues qu'on reçoit par mail, et qu'on partage avec ses vieux potes potaches. Portée par l'aisance installée par vos nombreuses années dans la boîte, ne vous arrive-t-il pas de plus en plus de partager ces superbes vidéos de chats tombant d'une commode avec vos collègues en gloussant bêtement derrière votre écran ?

4. Accrocher votre badge autour de votre cou ou de votre ceinture

Vous vous souvenez comme vous vous moquiez des vieux de votre entreprise qui paradent fièrement, leur badge bien apparent jusque chez le marchand de journaux du quartier ? Année après année, comme dans un vieux couple, vous avez mis de côté toute coquetterie pour laisser place au côté pratique et vous-même, vous arborez parfois l'objet pendouillant jusque chez vous sans vous en rendre compte.

5. Manger du couscous, de l'indien ou tout autre plat odorant

Au début, vous ne vouliez gêner personne et vous vous sustentiez donc en dehors du bureau ou alors, vous rameniez un sandwich ou une petite salade bien girly histoire de n'empuantir personne et de garder une image digne. Et pourtant, ça n'est pas vous qui avez rapporté vos fameuses pâtes à l'ail dans un Tupperware la semaine dernière ?

6. Faire de votre bureau une bonbonnière

Les premiers temps, votre bureau était clean, high-tech, respirant le jeune loup qui en veut, qui n'a besoin que d'un ordi et d'un téléphone pour faire décoller les chiffres de la boîte. Aujourd'hui, vous avez des photos de votre tata, des photocopies gags et autres articles lol collés partout, et votre écran représente une plage de sable fin ou vous en maillot de bain.

7. Tutoyer des gens que vous n'avez jamais vus

Mais à qui vous avez parlé 3 fois par mail. Avant, quand vous receviez un mail d'une fille de la com' qui vous tutoyait comme une vieille copine, agrémentant même son message d'un « ma belle » ou d'un « on se fait un déj' ? » alors que vous ne l'aviez jamais vue, vous ricaniez. Maintenant, vous faites pareil, et vous faites même allusion aux enfants de votre destinataire après être allé traîner sur son profil Facebook.

8. Cracher sur ses collègues

Quand vous avez débarqué dans le monde du travail, vous avez été effaré de voir que des adultes pouvaient s'abaisser à de telles pratiques : aller de bureau en bureau pour cracher sur les collègues du précédent. Quelle puérilité, quelle perte de temps, pensiez-vous alors fièrement, occupée que vous étiez à parfaire vos prés' au carré. Aujourd'hui, vous faites pareil, en pire…

9. Rester longtemps aux toilettes…

La décence et notre ligne éditoriale nous empêchent de décrire de manière plus précise cette fameuse chose que vous vous étiez pourtant juré craché de ne jamais faire au bureau. Et pourtant, à moins de travailler à mi-temps ou de courir au café du coin (où l'on finira bien par vous regarder l'œil mauvais ou rigolard, au choix), vous avez dû vous soumettre modestement aux lois de la nature et faire tomber le dernier rempart.

8 astuces pour ne pas être repéré quand on arrive en retard au boulot

1. Laissez toujours une veste ou un pull sur le dossier de votre chaise

Rien de plus nu qu'une chaise vide. Grâce à l'astuce du pull, votre poste de travail n'attirera pas les regards. On pensera que, arrivé à l'aube, vous êtes déjà en pleine réunion au bout de l'open space.

Précaution: changez fréquemment votre chaise en la vêtant de vêtements différents, car l'œil managérial, habitué à votre vieux cardigan noir H & M, aura vite fait d'enregistrer le subterfuge…

2. Gardez un fond de café dans votre mug

Ou votre gobelet de la veille. Si personne ne s'approche, rien ne ressemble plus à un café chaud qu'un vieux café froid.

Précaution: évitez de bourrer ledit gobelet de vos vieux Post-it et emballages de sandwich. Personne ne croira que vous avez déjà brainstormé avec vous-même à 8 heures du matin.

3. Enlevez votre manteau dans l'ascenseur

Technique à la Florence Foresti : au risque de le froisser, enfournez votre trench dans votre sac à main, bourrez, bourrez et faites glisser la fermeture Éclair.

Technique de pro: ne portez plus ni manteau ni sac à main. On ne saura jamais vraiment d'où vous venez ainsi, nonchalant, le badge en bandoulière. Si vous habitez en Bretagne, optez pour le K-Way banane, c'est plus prudent.

4. Badigeonnez vos doigts d'encre

Un peu à l'ancienne certes, cette technique archaïque est pourtant redoutable. Qui peut bien, à plus de 30 ans, recouvrir ses doigts de Stabilo pour échapper au courroux de son boss ? Euh, vous.

Astuce: confiez ledit Stabilo à vos enfants afin d'allier travaux manuels en famille et optimisation professionnelle.

5. Prétextez une réunion dans un autre service

Ou un rendez-vous client, un prospect à rencontrer, bref un truc très important à l'extérieur de l'entreprise, dont vous promettrez qu'il pourrait rapporter des millions. Calé un vendredi, ledit rancard devrait être rapidement oublié.

Astuce: n'allez pas chez le coiffeur ni dans aucun endroit qui pourrait avoir des répercussions sur votre allure. Donc les sacs de shopping, on oublie aussi.

6. Arrivez avec un dossier sous le bras

Encombrant dans les transports, certes, personne ne croira pourtant que vous vous trimballez cette pochette depuis l'école juste pour masquer votre pitoyable retard. Et pourtant…

Astuce: optez pour un grand sac pouvant contenir dossiers, ordinateur portable et agenda, que vous ressortez avec l'air empêtré dès l'accueil du bureau passé. Vous remarquerez au passage que les ministres n'ont jamais de manteau et toujours un dossier sous le bras. On dit ça, on dit rien.

7. Prenez un air exaspéré

Ou pressé, sourcils froncés, le nez dans votre Smartphone : « Non mais c'est pas possible qu'est-ce qu'ils ont encore foutu au market' ! Quoi ?! Quoi mon manteau ?! » Très efficace.

Précaution: évitez le casque dans les oreilles et le Smartphone branché sur Spotify. Un ennemi arrivant de dos aura tôt fait de vous démasquer.

8. Ne rangez JAMAIS votre bureau

Un bon salarié en retard est un salarié bordélique. Là ? Pas là ? Le temps d'analyser la situation, vous serez apparu avec votre air exaspéré, votre manteau roulotté dans le sac et pourrez vous emparer de votre vieux café froid l'air naturel.

Précaution: vérifiez les dates de péremption des aliments laissés sur ledit bureau. Ceux-ci pourraient vous trahir.

(NO ?) zob in job

Huit Français sur dix fantasment sur leurs collègues*

* Selon un sondage du site *AshleyMadison.com*

Sexe au bureau : 6 bonnes raisons de se cacher

★ Pour éviter la déformation des rumeurs

Vous êtes rentrée une fois avec Yves, votre collègue. Depuis, les langues se délient et les imaginations se débrident pour inventer des histoires polissonnes dans votre dos. « Il paraît qu'ils l'ont fait dans le local de la photocopieuse en gardant des preuves », révélera une stagiaire. Anecdote qui, au fil du téléphone arabe, risque bien de se transformer en film X dans l'ascenseur. Non, vraiment, pour éviter les ragots sulfureux, soyez discrète.

★ Pour zapper les idées reçues

Si votre coup d'un soir « pro » venait à se savoir, vous ne manqueriez pas de vous faire épingler dans n'importe quel cas. Avec un subordonné ? Abus de pouvoir ! Avec un supérieur ? Promotion canapé ! Impitoyables, vos collègues ne manqueront pas de vous persifler. Même avec un collègue du même niveau que vous, vous n'éviteriez pas le lynchage à la machine à café. Car malheureusement, les préjugés ont la vie dure : une femme aux « mœurs légères » est durement considérée par les autres…

★ Parce que le slut-shaming a de beaux jours devant lui

Craquer pour un de ses collègues ne fait pas de vous une salope, non. Pourtant, dans l'imaginaire collectif, les clichés existent toujours. Et si Michel du 3e écope d'un simple statut de séducteur, vous pourriez de votre côté passer pour la fille facile de service, aussi injuste que ça puisse être. Pire : les femmes aux mœurs libérées sont considérées comme moins compétentes, selon une étude de l'université Cornell (U.S.). Pour éviter d'entraver votre carrière, une solution : miser sur la discrétion.

★ Pour le côté excitant

Un flirt au bureau peut se révéler très excitant dès lors qu'il est caché. Mails internes, sous-entendus en réunion et regards à la dérobée dans l'open space… Finalement, de quoi faire monter la température. Vous qui peiniez à mettre un pied hors du lit pour aller travailler, vous arrivez maintenant en avance le lundi matin. NB : attention à ne pas vous tromper de destinataire lorsque vous enverrez ce mail disant que vous ne portez pas de sous-vêtements.

★ Pour ne pas perdre en crédibilité

Ce job, vous vous êtes battue pour l'avoir : vous savez mettre vos compétences en avant et menez votre carrière de front. Avec votre aura d'autorité et vos tenues de working girl parfaite, vous êtes un peu un exemple pour vos collègues… Jusqu'à ce qu'on vous entende susurrer, mielleuse, au détour d'un couloir : « Mon gros chachat tu m'as manqué toute la matinée. » Perte de crédibilité totale ! Ou comment passer du rôle de la tête pensante de l'entreprise à celui de la fleur bleue nunuche.

★ Parce que personne ne gardera le secret

Tout s'ébruite rapidement, vous le savez.
Il est estimé qu'un secret, au sein d'une entreprise, est répété à 2,7 personnes en moyenne. Autant dire que même si vous ne l'avez dit qu'à votre voisine de bureau, la nouvelle se répandra comme une traînée de poudre. Avez-vous vraiment envie que tous vos collègues soient au courant de vos batifolages ?

Votre boss vous drague-t-il ?

C'est toujours agréable de se faire draguer. Sauf lorsque le dragueur en question n'est autre que son patron. Tout à coup, cela devient rudement plus délicat à gérer. Si vous hésitez encore, voici 10 signes qui ne trompent pas.

1. Il vous invite à déjeuner.
2. Il rôde tout le temps autour de votre bureau.
3. Il s'est mis à la piscine… comme vous.
4. Il vous offre des cadeaux disproportionnés.
5. Il complimente plus votre physique que votre travail.
6. Il vous met sur un piédestal.
7. Il vous fait des confidences sur son couple qui bat de l'aile.
8. Il est devenu prévenant.
9. Vos collègues gloussent quand vous arrivez dans une pièce.
10. Il vous envoie des mails pour parler de trucs perso.

6 bonnes raisons de ne pas devenir ami avec son boss sur les réseaux sociaux

1. Profiter des arrêts maladie en toute quiétude

Votre quota de RTT étant épuisé depuis belle lurette, il ne reste plus que la solution de l'arrêt maladie qui tombe à pic pour profiter de votre week-end prolongé placé sous le signe de la fiesta. Et qui dit faire la fête jusqu'au bout de la nuit implique évidemment d'immortaliser l'événement avec des vidéos et des photos. Photos qui se retrouveront inévitablement sur Facebook.
Si vous ne voulez pas devoir apprendre à jongler avec les paramètres, mieux vaut ne pas ajouter votre boss sur les réseaux sociaux et croiser bien fort les doigts pour que le patron en question ne soit pas ami avec un autre de vos contacts, sinon adieu les faux arrêts maladie, bonjour Pôle emploi !

2. Éviter les situations gênantes devant la machine à café

Faire la fête toute la nuit un mercredi soir, même pas peur ! Et tant pis si du coup vous n'avez pas eu tout à fait le temps de peaufiner votre dossier pour la réunion du lendemain, on n'a qu'une vie ! Évidemment, mieux vaut pour vous que tout le monde ne soit pas mis au courant en tombant sur une photo de vous debout sur une table, un soutien-gorge sur la tête et un verre de tequila à la main. Même chose si vous racontez votre vie comme s'il s'agissait d'un roman de Marc Lévy croisé avec un épisode de *Sex and the City*.

3. Pouvoir critiquer en paix...

... sans tourner 7 fois sa langue dans sa bouche ou sans avoir à détailler la très barbante notice de confidentialité du réseau social sur lequel vous avez eu la bonne idée de vous inscrire en ajoutant toute votre boîte, chef compris. Ne pas être « corporate » vous offrira le luxe de pouvoir parler de ce que vous voulez, quand vous le voulez et cela sans rendre de compte à personne. À vous le Tweet agacé en sortant d'une réunion qui s'est éternisée pour rien ou le message laconique sur Facebook pour dire combien vous êtes blasé de vous lever tous les jours de la semaine.

4. Éviter à son « N+1 » une situation délicate

Si vous ne pouvez pas résister à l'envie d'ajouter votre chef à tous vos réseaux (sait-on jamais, cela pourrait servir), gardez en tête que ledit patron pourrait ne pas avoir envie de partager sa vie privée (mot-clé) avec vous. L'inonder de demandes d'ajout n'est alors sans doute pas une bonne idée, sauf si vous avez envie de passer pour le « stalker » de la boîte que tout le monde prend un malin plaisir à coller dans la liste « profils restreints » et à qui personne ne raconte rien. Et Instagram compte évidemment pour un réseau social. Votre chef vous sera sans doute reconnaissant de connaître les frontières entre travail et amitié.

5. Tâter de la concurrence en toute tranquillité

Certes, vous adorez votre travail ou c'est en tout cas la version originale que vous donnez quand on vous pose la question lors de vos entretiens annuels. Mais en réalité, le sous-titre indique un peu autre chose et vous êtes décidé à regarder discrètement comment se passe la vie du côté de la concurrence et si des opportunités pourraient s'offrir à vous dans les mois à venir. Un petit profil Viadeo et un CV en ligne plus tard, vous voilà prêt pour vendre vos compétences au plus offrant. Avant de vous lancer dans le grand bain, un petit coup d'œil sur vos contacts Viadeo s'impose, car il serait d'assez mauvais ton pour votre chef de découvrir au hasard d'une notification que vous êtes « ouvert à toutes les possibilités » ou, pire, « en recherche active ».

6. Garder une part de mystère

Votre boss n'est sans doute pas tellement intéressé par votre amour pour « Bachelor » ni par les photos des menus régressifs de vos soirées entre amis frénétiquement postées sur Instagram. Sans compter qu'il se fiche de tous vos messages désespérés quand votre train est annulé. Chacun sa vie et comme dans un couple, une bonne dose de mystère ne fait jamais de mal.

Glande

S'accorder une « power nap »
de 15 à 20 minutes après le déjeuner
permet de rester mieux concentré sur son
travail, et donc d'être plus productif *

* Selon une étude de la Nasa effectuée auprès de pilotes d'avion

3 applis pour glander au bureau en toute tranquillité

★ Candy Box, le jeu des bonbons: productivité 0

Dans ce jeu construit uniquement en caractères HTML, vous recevez un bonbon par seconde. Libre à vous d'échanger ces sucreries contre des sucettes, de vous acheter une épée avec ou de les jeter par terre. Ça sert à quoi ? Pas à grand-chose, apparemment, puisque aucun rebondissement majeur ne se produit… avant longtemps.
En revanche c'est un excellent outil pour voir le temps passer.

Discrétion: 40 %. Pas de couleurs criardes comme dans Candy Crush Saga, des symboles que vous pourriez utiliser dans Word… Mais quand même, si la collègue-trop-parfaite débarque à l'improviste (comme elle sait si bien le faire), vous n'aurez pas tout à fait l'air de bosser.

★ Panic Button: la solution d'urgence en cas de risque

Un peu lasse d'accumuler des sucettes sans véritable but dans Candy Box, vous vous décidez à faire du repérage shopping sur Internet. On ne vous félicite pas : en termes de glande discrète, on a fait mieux. Et si, alors que vous vous apprêtez à valider votre panier, vous sentez derrière vous l'ombre sournoise de votre rivale ? Il est temps d'appuyer, aussi vite que possible, sur un Panic Button : sous forme de pédale sous votre bureau ou d'icône sur votre ordi, lorsque vous cliquez ou appuyez dessus, il renvoie à la page des comptes de l'entreprise ou autre.

Discrétion: 60 %. Tout dépend de votre réactivité. On aime quand même bien l'idée de la pédale, planquée sous le bureau…

★ Can't You See I'm Busy: la glande discrète à son paroxysme

« Non mais tu ne vois pas que je suis occupée ?! » : voilà le titre de ce site révolutionnaire. Car oui, en jouant à l'un des jeux proposés, vous aurez l'air occupé. Les yeux rivés sur des graphiques complexes ou des courbes de vente, comment soupçonner que vous êtes en fait en train de vous distraire ? Alors si votre collègue-trop-parfaite vous grille, pas de doutes : elle connaît également la combine.

Discrétion: 90 %. Le site gagne en popularité, mais dites-vous bien que ceux qui connaissent en ont sûrement profité.

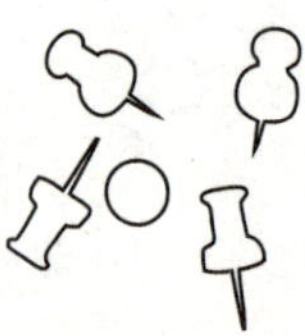

Les pires excuses des employés absents *

1. « Mon chien fait une dépression nerveuse. »

2. « Le corps de ma grand-mère a été exhumé pour les besoins d'une enquête. »

3. « Je me suis coincé le doigt de pied dans un robinet. »

4. « Un oiseau m'a mordu. »

5. « Je suis en plein chagrin d'amour. »

6. « Ma coloration a foiré, je suis orange. »

7. « Mon équipe de foot préférée a perdu dimanche, il me fallait mon lundi pour me remettre. »

8. « J'arrête de fumer, je suis trop imbuvable pour travailler. »

* Recueillies par le site CareerBuilder auprès de vrais managers

9. « Je me suis mordu la langue, je ne peux pas parler. »

10. « Je suis tellement en colère que j'ai peur de blesser un de mes collègues. »

11. « Je n'ai pas fini d'acheter mes cadeaux de Noël. »

12. « Je me suis perdu. »

13. « Je ne savais pas quoi porter. »

Les pires excuses des employés en retard *

1. « En quittant mon appartement, j'ai accidentellement mis les chaussures de la petite amie de mon colocataire. J'ai dû faire demi-tour. »

2. « J'ai fait tomber mon sac dans un distributeur de journaux. Ma monnaie était dans mon sac, je n'ai pas pu le récupérer. »

3. « Ma femme a mis les clés de mon camion dans un verre d'eau au congélateur parce qu'elle était en colère. »

4. « Je suis en retard parce que j'ai dû mettre un K-Way au canard en ciment qui se trouve dans ma cour. On annonce de la pluie pour aujourd'hui. »

5. « J'ai entrepris de me raser la tête, ma tondeuse électrique m'a lâché à mi-tête. J'ai dû attendre que le premier coiffeur ouvre ses portes. »

6. « J'ai été attaqué par un ours (preuves photographiques à l'appui). »

7. « J'ai aidé un trafiquant de bébés sur le bord de la route. »

8. « Par réflexe, je suis allé dans mon ancienne boîte. »

* Recueillies par le site CareerBuilder auprès de vrais managers

Test : avez-vous besoin de vacances ?

Mettez une croix (ou un point, un rond ou un triangle, peu importe, finalement) chaque fois qu'une proposition vous correspond. Ensuite, comptez.

☐ La voix de votre boss vous horripile. Même ses phalanges vous énervent.

☐ Aller manger au chinois vous semble déjà hyper-exotique

☐ Le matin, vous faites sonner votre réveil 8 fois.

☐ Au bureau, votre « to do » ne se réduit jamais. Pire, elle s'allonge malgré vos efforts pour écoper.

☐ Vous avez récemment eu envie de tuer un collègue qui mangeait une pomme à côté de vous. Scrunch scrunch.

☐ Vous posez souvent des jours comme ça pour rien, parce que vous êtes crevée. Et vous ne faites rien.

☐ Gastro, rhino, états grippaux… vous chopez tout ce que les petits vous rapportent de l'école (même les poux). Normal, vous êtes FAIBLE.

☐ Vous avez peu ou prou la même carnation que Michael Jackson s'il n'était pas mort.

☐ Lire le *Voici* vous demande un gros effort de concentration.

☐ Vous peinez à respecter un seuil de 6 cafés par jour au max.

☐ Aucun nouveau projet ne vous enthousiasme. Même le lancement de la nouvelle saison des Kardashian vous laisse de glace.

☐ L'idée même de trouver vos billets d'avion vous fatigue.

- ☐ Vous ne vous souvenez plus bien à quand remontent vos dernières vacances.

- ☐ On ne voit plus aucune trace de bronzage sur votre corps. Vous êtes monobloc.

- ☐ Il vous arrive de plus en plus souvent de louper votre station en allant au boulot.

- ☐ À 10 heures, vous réfléchissez déjà à ce que vous allez manger au déjeuner, et même au dîner.

- ☐ Vous ne prenez plus la peine de vous faire belle pour aller bosser. Pire, il vous arrive souvent de garder votre haut de pyjama.

- ☐ Vous traînez sur Pinterest, le mot-clé « vacances » perpétuellement ancré dans le moteur de recherche.

☐ Vous êtes ivre après un verre de vin, et partez vous écrouler pitoyablement à 21 h 12 quand vous apérotez avec une copine.

☐ Vous songez de plus en plus souvent à donner vos enfants.

Résultats

Entre 0 et 5 croix: vous pétez le feu

C'est votre boss qui va être content. Soit vous revenez de congés (auquel cas qu'est-ce que vous faites encore là à traîner ?), soit vous êtes une force de la nature, une workaholic ou l'employée idéale. Quoi qu'il en soit, tant mieux pour vous.

Entre 5 et 10 croix: grosse fatigue

Pas sûr que vous ayez besoin d'un mois à Bora Bora mais un petit week-end en amoureux (sans les enfants cela va SANS DIRE), entre copines ou une petite quinzaine de remise en forme diétético-sportive vous ferait le plus grand bien. Il ne faut pas rester comme ça, voyons!

Entre 10 et 15 croix: fuyez

Partez! Loin, près, chez votre maman, votre ex ou à l'autre bout de la Terre mais mettez votre clavier loin de vos yeux pour quelques jours de déconnexion totale avec le flux professionnel, ou c'est le burn-out assuré. Cessez de vous trouver des excuses, il en va de votre santé (voire de celle de votre couple, noyé sous vos soupirs LAS).

Plus de 15 croix : vous êtes là ?

Houhou RESPIREZ SOUFFLEZ, posez ce livre et appelez une personne de confiance pour qu'elle vous emmène loin de ce monde cruel qui vous fait tant de mal. Extrayez-vous de cette phobie professionnelle que vous semblez avoir développée. Vous êtes sûre que c'est de vacances que vous avez besoin, et pas de changer de boulot ?

Retour de vacances : les pires remarques de collègues

★ « Il a pas fait beau ? »

Chaque jour, vous vous êtes consciencieusement tartinée de votre coûteuse crème solaire avant de vous étendre telle une belle crêpe bretonne sous les rayons estivaux afin d'acquérir ce superbe bronzage dont vous êtes si fière. Tous les soirs, vous avez admiré dans la salle de bains les marques de votre maillot flambant neuf s'imprimer plus sûrement sur votre corps musclé par une pratique assidue de la natation et pourtant… comme chaque année vos collègues s'interrogent : « Ah mais tu bronzes pas toi, non ? », « Il a pas fait beau ? », « Ah mais c'est vrai qu'avec les enfants tu ne dois pas avoir le temps de te mettre au soleil… », « Je savais pas que t'avais une peau de rousse »… et on en passe. Vous aussi, laissez couler.

★ « T'as l'air crevé »

Enfin, vous avez pu vous reposer, récupérer de toute cette vilaine fatigue accumulée pendant l'année. Nuits de 10 heures, siestes crapuleuses, alimentation équilibrée et éclats de rire vous ont donné un teint éclatant que votre famille et vos proches n'ont cessé de complimenter et pourtant… le jour J, vos collègues s'interrogent encore : « T'as l'air crevée dis donc, c'est bien la peine de prendre des vacances ! » Effectivement, ce matin-là, vous avez dû vous lever à 6 heures pour préparer la maisonnée à ce grand jour. Sympa.

★ « Bah dis-moi, t'as bien profité ! »

C'est vrai, votre belle-mère est un cordon-bleu. Et puis, les apéritifs à rallonge que vous prépariez tous les soirs pour la maisonnée (tapenade, noix de cajou, saucissons régionaux et autres petits légumes trempés dans la crème fraîche épaisse à la ciboulette) ont eu raison de vos efforts préestivaux. Disons-le carrément, vous avez bien pris 5 kilos, mais vous étiez persuadée que votre bronzage (hum hum) camouflerait aisément ce petit embonpoint mal acquis. Raté, l'aigrie de la compta ne vous a pas loupée.

★ « J'espère que tu t'es bien reposé ! »

Sous-entendu : « Toi qui as eu l'outrecuidance

d'utiliser tes congés payés, et qui plus est de les coller les uns aux autres pour en faire des semaines entières pendant lesquelles tu as glandé, n'ayons pas peur de le dire. »
En gros, cette jolie petite phrase vous met en garde de recommencer un tel acte scandaleux, de vous étendre dessus et de perdre le moindre instant supplémentaire en frivolités. Non mais, pour qui vous prenez-vous ?

★ « T'as pas vu mon mail ? »

Comme la phrase numéro 5, celle-ci est un sous-entendu grossier pour vous souligner que, malgré la règle tacite qui implique que tout employé connecté est un employé joignable, vous n'avez pas lu vos mails pro pendant vos vacances, ou n'y avez en tout cas pas répondu. Voilà un crime de lèse-majesté 2.0 qui ne vous a manifestement pas été pardonné, et qu'il conviendra de clarifier avant vos prochains congés.

★ « T'es rentré ce matin ? »

Frère du pauvre de « t'as l'air crevé », le « t'es rentré ce matin ? » veut bien dire, oui, que vous avez l'air

crevé, mais aussi carrément à côté de la plaque, voire affolé. Elle est souvent accompagnée de « t'es partie où ? » afin de justifier votre air déphasé par un éventuel décalage horaire. Si ça n'est pas le cas, mentez malgré tout, ça vaudra toujours mieux que de passer pour
la fille qui a tout oublié pendant ses vacances.

★ « Ah t'es revenu ? »

Toujours moins pire que le « ah, t'étais parti ? », autrement plus blessant, le « ah, t'es revenu ? » est presque aussi horripilant que le vieux « t'es allé chez le coiffeur ? » Ne cherchez pas à décoder ce que signifie cette phrase, qui peut se révéler aussi cruelle qu'anodine, et envoyez plutôt un mail à tous sous un prétexte quelconque dès votre retour. Vous éviterez ainsi de l'entendre toute la journée, voire la semaine.

9 signes qui prouvent que vous avez atteint le point « glande de l'aprèm' »

1. Tout devient prétexte à rire

Votre envie de travailler frôle le néant, mais celle d'ambiancer vos collègues atteint des sommets. Ils réagissent avec humour à votre partage compulsif de GIF d'animaux ?
Normalement, tout dans l'open space devrait bientôt devenir prétexte à une bonne blague.

2. Vous faites beaucoup trop d'allers-retours à la cafétéria

En temps normal, vous prenez une pause dans l'après-midi. Mais aujourd'hui, la cafétéria vous attire comme un aimant. Oui, vous en êtes à votre cinquième café de l'après-midi, ET ALORS ?

3. Tout ce café est en train de vous rendre hystérique

Vos mains tremblent et votre cœur bat à une allure improbable. Comment voulez-vous vous concentrer sur votre travail quand tout ce café ingurgité vous donne envie de courir un marathon ?

4. Vous envisagez sérieusement de faire une sieste

Il paraît que faire la sieste rend plus productif et booste la mémoire. Une autre raison est-elle vraiment nécessaire ?

5. Vous avez trouvé la parade parfaite

O.K. pour glandouiller, mais en toute discrétion alors. Pas bête, vous avez trouvé plusieurs outils sur Internet qui permettent de faire croire à vos collègues que vous bossez. Votre fourberie atteint un niveau légèrement flippant.

6. Votre regard est perdu au loin

Inconsciemment, vos yeux se sont déportés de votre ordinateur vers la fenêtre la plus proche de vous. Le regard perdu au loin, vous commencez à envier les oiseaux, tellement plus libres que votre petite personne…

7. Vous priez pour qu'on vous laisse tranquille

Vendredi, 16 heures, vos dossiers sont bouclés mais il vous reste 2 heures de présence obligatoire au bureau. Votre plus grande peur maintenant ? Qu'un collègue ou supérieur hiérarchique vienne vous poser des questions relatives à votre travail. Un vrai film d'horreur.

8. Vos recherches internet sont quelque peu étranges

Vous savez que votre après-midi glande est optimale lorsque vous commencez à faire des recherches sur Google qui vous ne passeraient jamais par la tête en temps normal. « Les carottes sont-elles caloriques ? » « Comment perdre du ventre ? » « Qu'est-ce que le sexe tantrique ? »… tout ça ne vole pas très haut.

9. Vous commencez à organiser vos prochaines vacances

Envoi de mails, de SMS, réservation sur Airbnb, petit détour par les sites d'EasyJet et du Guide du routard… ça prend du temps d'organiser les vacances parfaites. Heureusement qu'il y a les après-midi glandouilles au boulot.

Kids & Co

« Un adulte créatif est un enfant qui a survécu »

Ursula K. Le Guin

7 trucs qu'on ferait au bureau si on était un enfant

Que ne donnerait-on pourtant pas pour, de temps en temps, retrouver la fraîcheur et la spontanéité de nos têtes blondes, lesquelles ne s'encombrent pas toujours de telles civilités ? Car oui, si vous aviez 3 ans, vous :

1. Vous diriez non à tout

Pour rien. Comme ça. « Tu viens en réunion ? » NAN. « Tu me finis la prés' pour demain matin et tu me l'envoies ce soir ? » NON.
Avec l'air catégorique et sans appel qui va avec, of course : bras croisés, air buté et grosse colère si le boss tente un petit coup d'autorité. Allongée au sol, les bras en croix, vous vous rouleriez alors à terre en criant si fort (comme un marmot de « Super Nanny » en pleine crise au supermarché) qu'il n'oserait vous contredire de peur de passer pour un monstre.

2. Vous oseriez enfin...

... dire à votre collègue que son haleine vous hante depuis des années (« Pourquoi tu sens mauvais comme ça dans ta bouche » ?), signifier à votre boss que ses histoires perso sont loin de vous passionner (« Mais je m'en fisssse, de ce que tu dis ! »), vous lever d'un coup de réunion tout simplement parce que… ça ne vous intéresse plus, vous avez mieux à faire, ou une envie pressante (« Mais où allez-vous ? – Bah faire PIPI ! »). Ne serait-ce pas beaucoup plus simple ?

3. Vous adopteriez des postures beaucoup plus confortables

Qui a un jour décrété qu'il fallait aller au boulot sapé comme un milord, engoncé dans un costume trop petit ou perchée sur des talons qui cisaillent les doigts de pied, puis passer une journée entière le dos droit, les jambes décroisées ? Si vous étiez un enfant, vous bosseriez tranquillement une chaussure sur le bureau, l'autre pendouillant par terre, la jupe relevée sous le menton, laquelle pourrait également vous servir de mouchoir si le besoin s'en faisait sentir. Est-ce que vous seriez pour autant moins productive ? Pas sûr…

4. Vous vous laisseriez guider

Fini les prises de décision, les plannings à gérer, les entretiens à caler, les projets à imaginer. Non, si vous étiez un enfant, vous vous laisseriez bêtement guider par votre boss, lequel organiserait tout pour vous (des activités toujours fun ou agréables, bien sûr), sans que vous ayez jamais à réfléchir à quoi que ce soit. Vous avez dit passif?

5. Vous seriez pardonné sous des prétextes fallacieux

Alors que vous auriez piqué une de ces fameuses crises abordées au point 1, ou que vous auriez engueulé toute votre équipe qui n'a pourtant rien fait, votre boss viendrait vous cajoler et rassurer les malheureux tyrannisés: « Elle est fatiguée… » (variante: « Elle a mal dormi/perdu son doudou/ a les dents qui poussent/qui tombent… »). Tout le monde, alors, opinerait docilement du chef avec un air entendu: « Oh! là, là! mais on comprend, la pauvre! »

6. Vous dessineriez sur tout...

Et sur tout le monde. En réu', au lieu de bêtement gribouiller des arabesques sur votre feuille de prise de notes sur laquelle seule la date trône en alphabet cyrillique, vous déborderiez avec bonheur sur la table, les murs, et même, les jours de grand enthousiasme, sur les bras de votre supérieur tout occupé à expliquer sa vision macro du projet 2014.

7. Vous piqueriez la nourriture de votre voisin d'open space

Ouah, magnifique ce sandwich coppa-mozza toasté que vient de rapporter votre collègue ! Et dire que vous avez si faim (mais la flemme de descendre, et puis cette pluie...). Sans vous poser aucune (mais alors vraiment aucune) question, vous plongeriez alors directement la main vers son sachet pour vous saisir de la moitié pas entamée, la toute belle avec le fromage fondu bien propre, que vous goberiez en lui souriant innocemment (« Mmmh, délichieux ! »).

Ces trucs de la vie de parents à éviter de dire à vos collègues

★ La gastro-entérite de Maximilien

Non. Promis, vos collègues ne vous en voudront pas, mais alors pas du tout, si vous passez sous silence les péripéties gastriques de votre bambin. Pas la peine de raconter par le menu (ahem) les allers-retours nocturnes de la chambre aux toilettes, de revenir sur l'implacable diagnostic fait par le pédiatre ou de vous lancer dans l'effroyable récit d'ingestion du Smecta. Surtout à 9 heures du matin.

★ Le truc vraiment « trop mignon » que vous a dit Juliette hier soir

Stop : avant d'entreprendre de raconter ce truc « vraiment trop drôle » que vous a dit Juliette hier soir avant d'aller dormir, posez-vous 3 questions. 1. Est-ce VRAIMENT si mignon et original que ça ? 2. Cette anecdote peut-elle être racontée en moins d'une minute chrono ? 3. Avez-vous déjà narré (bassiné ?) à vos collègues un autre truc « vraiment adorable » que vous a dit votre marmaille cette semaine ? Si vous avez répondu par l'affirmative à au moins 2 questions sur 3, gardez pour vous votre anecdote jusqu'à la semaine prochaine (au minimum).

★ Les 152 photos de Gontran sur votre iPhone

Votre bambin a beau être à vos yeux la créature la plus exquiiise que la Terre ait jamais portée, n'oubliez pas que vos collègues ne sont sûrement pas de votre avis. Oui, même si votre enfant est effectivement très mignon. Alors, partager de temps en temps avec eux une photo (ou une COURTE vidéo) de Gontran en train de chanter/danser/se casser la figure du canapé : O.K. Remonter l'historique de vos photos, de votre accouchement jusqu'au week-end dernier (où Gontran a fêté ses 3 ans) : c'est NON.

★ L'épidémie de poux dans la classe de Chloé

Si vous ne souhaitez pas vous retrouver à manger toute seule au self pendant 10 jours comme une paria, c'est l'info qu'il faut à tout prix éviter de partager au bureau.

10 bonnes raisons d'emmener vos enfants au boulot

1. Ça crée des vocations

Léa ambitionnait, à votre grand désespoir, d'être princesse ? Jules n'en démordait pas, il serait aventurier ? Une plongée dans la réalité pourra leur faire prendre conscience qu'on peut être à la fois princesse, aventurière, maman et active. Comme vous, quoi.

2. Ça fait du bien

Vous pourrez enfin arrêter de vous dire qu'une minute au bureau est une minute loin de votre enfant. Quelle satisfaction de pouvoir sortir le nez d'un dossier, juste quelques secondes, pour apercevoir votre bout de chou colorier sur le coin de votre bureau.

3. Vous aurez de beaux dessins à la fin de la journée

Car forcément, il faudra occuper votre enfant : votre espace de travail n'est pas une garderie.

Prévoyez des coloriages, des livres ou même un lecteur DVD portable si vous avez ça en stock.

4. Avoir une petite aide

Vous pouvez sinon, tyran que vous êtes, mettre à profit la présence de votre bambin pour photocopier, agrafer (attention aux doigts !) et détruire des brouillons que vous lui présenterez comme ultra-confidentiels. Si ces modestes tâches vous seront d'une aide limitée, il aura la fierté d'avoir travaillé avec vous. Tiens, d'ailleurs… Peut-être qu'il pourrait ranger votre bureau ?!

5. Ça attire la sympathie du patron

Vous aviez bien vu qu'il fronçait les sourcils quand vous partiez en coup de vent à 18 h 20 pour aller récupérer le petit dernier à la garderie avant qu'elle ferme et que vous passiez pour une mère indigne. Regardez-le maintenant fondre, babiller, réclamer un dessin et dire « areuh areuh » devant votre fiston, sous les yeux médusés de vos collègues.

6. Vous pourrez crâner devant vos collègues

Vous leur aviez déjà montré la photo de votre fiston au ski, de votre fille sur un poney, le film des deux qui se chamaillent, raconté chaque anecdote de gastro sans omettre le moindre détail. Vous pouvez bien, maintenant, officialiser le tout et organiser une rencontre au sommet entre vos collègues et votre descendance.

7. Il verra votre lieu de travail

« Je vais travailler », « je suis au boulot » : travail par-ci, boulot par-là… Tout ça n'était peut-être pas clair pour votre enfant. Maintenant, il pourra enfin mettre une image sur ce lieu un peu mystérieux qu'il n'avait jamais vu « en vrai ».

8. Il comprendra enfin ce que vous faites

Vous aviez déjà un peu de mal à expliquer à un adulte en quoi consistait votre job. Maintenant, vous pourrez faire une démonstration très précise à votre rejeton : « Je preeeends le téléphone, je compoooose le numéro puis… »

9. Il passera une superjournée

Au milieu des grands et sous l'œil de sa maman, votre enfant passera une journée instructive, dans un environnement nouveau à découvrir. En plus, la rencontre de nouvelles personnes le ravira, lui qui est si à l'aise en société.

10. La pause-déjeuner redeviendra un moment privilégié

Vous aviez tendance à engloutir un sandwich devant votre ordinateur sans même prêter attention à ce que vous mangiez ? Eh bien ça n'arrivera pas aujourd'hui, où vous pourrez montrer au bambino votre cantine d'entreprise, finalement pas si différente d'une cantine scolaire… Et si le temps le permet, pourquoi ne pas improviser un pique-nique ?

8 (très) bonnes raisons d'embaucher une mère de famille

1. La mère de famille est THE manager

« Range ta chambre, sors de ton bain, enfile-moi ce pyjama, boucle ton cartable et viens manger. Le père, là, oh, j'aurais besoin que tu me gères la réu' bolognaise pendant que je remplis les papiers de la CAF… » Eh oui, la mère de famille est un véritable manager domestique. Tour à tour autoritaire, douce, directive et à l'écoute, elle sait mener d'une main de fer sa petite famille. Une compétence acquise sur le tas qu'elle saura appliquer avec naturel en milieu hostile. Euh… professionnel.

2. La mère de famille est endurante

N'oubliez jamais que la mère a fait pire qu'un stage de survie. Pendant 3 mois au moins, elle a appris à ne dormir que 2 heures par nuit à coups de dizaines de minutes entrecoupées de hurlements de hyène. Lorsqu'elle a eu plusieurs employés, euh enfants, ces nuits ont été suivies de parcours du combattant entre l'école, le cabinet du pédiatre, le bureau, le supermarché et à nouveau l'école, avant de reprendre ses quarts de nuit. Depuis, aucune surcharge de travail ne saurait faire peur à cette survivante.

3. La mère de famille est patiente

« Maman, pourquoi t'as des grosses fesses ? Maman, pourquoi t'as des grosses fesses ? MAMAN, POURQUOI T'AS DES GROSSES FESSES ? » Avec calme, la mère de famille sait gérer les situations de stress. Elle sait respirer, serrer les poings, prendre sur elle puis expliquer à son interlocuteur qu'elle lui répondra ultérieurement. La mère de famille est un maître zen.

4. La mère de famille ne dragouille pas dans les couloirs

Qu'on se le dise, la mère de famille est droite comme la justice ! Résultat, jamais, au grand jamais, elle ne se laissera aller à badiner à la cafét', en pause-clope ou sur messagerie instantanée. Une perte de temps considérable ! La mère de famille, est entièrement consacré à son travail. Bah quoi ?

5. La mère de famille est organisée

PQ, couches, lait, rendez-vous orthophoniste, réserver baby-sitter, préparer réunion, rappeler école… La mère de famille – contrainte et forcée – passe ses journées à lister, caler des rendez-vous, gérer les plannings de 2 à 6 personnes, le budget de sa famille et l'événementiel de son couple avec dextérité (la vie de petits êtres et son équilibre en dépendent). Caler son agenda professionnel sera pour elle un jeu d'enfants…

6. La mère de famille sait désamorcer les conflits

« Pourquoi tu tapes ton frère ? Non, toi tu vas dans ta chambre et toi, tu viens me voir, on va parler… » Dix minutes plus tard, alors que les frangins rient aux éclats, elle soupire d'aise. Une fois encore, elle a su gérer les ego et les susceptibilités avec tact. En entreprise, cette qualité rare vous sera des plus indispensables.

7. La mère de famille sait s'adapter

Il est 8 heures, la nounou est malade, le grand pas encore à l'école, le petit pas changé et subitement homeless. Quant à la mère de famille, si un miracle ne se produit pas, elle va être en retard à sa grosse réunion de 10 heures. Sans paniquer, elle analysera la situation à la vitesse de l'éclair. Grand : manteau, cartable, devant la porte. Petit : porte-bébé. Téléphone maman, baby-sitter, halte-garderie. En quelques minutes, elle sortira victorieuse de cette situation critique. Autant vous dire que ça n'est pas un problème de branchement d'ordinateur ou de salle de réunion occupée qui la déstabilisera. Elle en a vu d'autres.

8. La mère de famille est fun

La vie domestique de la mère de famille est parfois tellement ardue que le simple fait de regagner son bureau le lundi a des airs de boum adolescente. Ouah, un client beau gosse dans les couloirs ! Youpi, des saucisses à la cantine ! DINGUE, des Dragibus dans mon service !!… Mais DITES-MOI PAS qu'il y a une soirée d'entreprise vendredi prochain ! YEAAAAAH ! Pathétique… certes, mais contagieuse dans sa bonne humeur. La mère de famille, cette ambianceuse des claviers…

Les 20 petits bonheurs de la journée d'une mère qui travaille

1. Quand elle se réveille un peu plus tôt que le reste de la famille, va faire pipi et se recouche avec délice pour quelques minutes avant le barnum acoustique («ELLES SONT OÙ MES CHAUSSEEEEEETTES ?»)

2. Quand elle a un orgasme plantaire, le soir, en retirant ses talons.

3. Quand elle dit « au revoir » à la maîtresse après avoir embrassé le petit dernier et savoure le trajet SOLITAIRE, en musique ou avec un bon bouquin, qui la mènera au bureau. Le calme entre 2 tempêtes.

4. Quand elle arrive au bureau et qu'on lui parle normalement. Pas pour lui demander un truc (« T'as pas vu ma cravate ? »), ni pour lui réclamer de jouer les juges de paix (« Je vous jure Votre Honneur, c'est lui qui a commencé ! ») mais juste pour lui demander comment ça va, et lui dire qu'elle a l'air en forme (ou pas).

5. Quand elle décide que ce soir, ce sera pizza, et que c'est comme ça.

6. Quand la baby-sitter répond que « oui, elle est dispo samedi soir ». Elle en pleurerait presque.

7. Quand elle voit la lueur dans les yeux du petit qui a ENFIN compris que « p » et « a » ça faisait « pa » (et pas « re »), alors qu'elle lui fait réciter ses leçons depuis une demi-heure sans même avoir eu le temps de faire pipi depuis son retour.

8. Quand elle est en good hair day et que sauter la case brushing va lui permettre de boire un café avant le marathon scolaire.

9. Quand elle a un rendez-vous à l'extérieur et va pouvoir rêvasser 20 minutes dans un café en face de chez son client avant de démarrer sa journée.

10. Quand elle enlève son soutif en rentrant du boulot. Le bonheur tient parfois à peu de chose.

11. Quand son mec sort et qu'elle va en profiter pour appeler des copines, se faire les ongles de pied, bouquiner Voici et grignoter des céréales pour le dîner (tout en ayant feint d'être bien triste d'être toute seule ce soir-là).

12. Quand, vers 22 heures, elle entend un enfant pleurer avant de se rendre compte que le bruit vient en fait de la rue ou de la télé.

13. Quand elle improvise une bataille de guili-guili familiale pour décompresser même si ça va défaire le lit, et que c'est MAL.

14. Quand elle reçoit un MMS de la nounou en pleine réunion, et fond devant une photo des enfants qui semblent lui dire : « Coucou maman, t'inquiète pas, tout ça n'a pas d'importance. »

15. Quand elle parvient à faire ses courses en ligne du bureau et jubile à la perspective de la livraison à venir.

16. Quand elle va dormir 5 minutes dans les toilettes du bureau. Tranquillou.

17. Quand elle dépiaute son sandwich devant l'ordi à l'heure du déjeuner, sans que personne vienne lui en boulotter ni lui demander de lui couper sa viande/de réchauffer ses coquillettes/de décoller des gommettes dans les cheveux.

18. Quand elle saute discrètement des pages en racontant l'histoire pour arriver plus vite à la fin et hop hop hop au lit bisous bisous dodo il est tard.

19. Quand elle a pu s'échapper pour aller chercher les petits à l'école en leur faisant la surprise, et voit leurs visages s'illuminer de bonheur (privilège de la rareté).

20. Quand les enfants dorment, qu'elle se démaquille enfin, détache ses cheveux, retire ses fringues trop cintrées et part coller son corps pas si fatigué contre celui du père de sa progéniture.

Ravitaillement

« Je suis contente de ne pas avoir à chasser pour me nourrir. Je ne sais même pas où vivent les sandwichs. »

Anonyme

Survivre à l'apéro d'après boulot

1. Ne le refusez pas (tout le temps).

2. Organisez-le (de temps en temps).

3. N'invitez pas vos meilleurs amis.

4. Ou alors, pensez à la possibilité de démenti : « Ils adorent raconter n'importe quoi sur moi, ne faites pas attention. »

5. Évitez de poser des questions sur le compte rendu de la réunion de 17 heures Vous risqueriez de passer pour une workaholic.

6. Oubliez les promesses intenables. « Fais-moi confiance, demain, le dossier sera bouclé. » Même si ça partait d'une bonne intention.

7. Ne reposez pas la question sur la réunion de 17 heures parce que personne ne vous a répondu.

8. Ne draguez pas le serveur. Même s'il est canon.

9. Renoncez à raconter la dernière de Léa, votre fille de 15 mois. Si, si, on était déjà au courant.

10. Renoncez aussi à raconter la dernière de Matthieu, votre chéri. Parce qu'on est super-jalouse, c'est tout.

11. Abandonnez l'idée de demander une augmentation à votre chef qui sirotait, tranquillement jusque-là, un cocktail fraise-roquette.

12. Ne relancez pas le débat que tout le monde croyait éteint : vos congés d'été *versus* ceux de votre collègue. Celle qui justement n'est pas là.

13. Refusez ce deuxième verre de chardonnay : c'est celui qui pourrait vous faire riper.

14. Refusez cette deuxième poignée de cacahuètes : c'est celle que vous allez regretter.

15. Taisez votre avis sur les prochaines élections. De toute façon, tout le monde a compris. Vous croyiez vraiment que vos tenues aux couleurs de l'hémicycle étaient passées inaperçues ?

16. Gardez pour vous ce rêve secret de prendre une année sabbatique.

17. Pensez à payer en partant. Et pour cela, reportez-vous au conseil numéro 13.

18. Distinguez afterwork et after-tout-court. Les horaires ne sont pas les mêmes.

19. N'offrez pas votre tournée de café le lendemain. Vous sous-entendriez devant témoins que la nuit a été courte.

20. Ne suivez pas tous ces conseils. On va discuter de quoi nous sinon à la pause-déj' ?

5 trucs pour survivre à la cantine d'entreprise

« On s'retrouve à la cantoche ? » Vous ne pensiez pas prononcer à nouveau cette phrase, mais ça y est. Votre boîte a déménagé et vous « avez le droit » de déjeuner à la cantine d'entreprise. Avant votre premier jour, quelques recommandations s'imposent.

1. Refoulez votre passé

Bon c'est vrai la cantine pour les grands c'est comme la cantine pour les petits, sans les dames de cantine qui vous obligent à manger. Mais la nourriture est plutôt meilleure, le choix vous permet vraiment de trouver quelque chose qui vous attire, et au pire vous avez le droit de prendre 2 desserts et 3 quignons de pain, puisque c'est vous qui payez.

2. Prenez un bon petit déjeuner

Les pros de la cantoche, comme votre collègue Maryse, qui y déjeune depuis 10 ans à la même table, vous diront que « tu manges vachement plus équilibré à la cantine ». Mais comme toute débutante un peu déprimée de pointer dans cet open space du déjeuner, vous ne pourrez vous empêcher de vous jeter sur les frites, car dans cette cantine-là il y en a tous les midis. Il vaut donc mieux ne pas avoir trop faim quand vient l'heure de passer son badge au self-service.

3. N'y allez pas seule

C'est assez tentant de squatter 2 tables et 3 chaises pour lire tranquillement son journal en finissant sa salade de fruits. Mais le déj' en solo fait assez mauvais genre quand l'autre équipe fait une réunion à dix à côté de vous. Votre réputation de no-life ne va faire qu'un tour de plateau et vous serez bientôt seule aussi pour le café…

4. Ne parlez pas boulot

Les squatteurs et squatteuses de la cafét' adorent laisser traîner une oreille à la cantine. Pour casser du sucre sur le dos de votre boss (il ou elle ne va pas à la cantoche mais les fayots oui), offrez-vous un vrai restau 1 fois par semaine.

5. Évitez les sauces

C'est là le plus difficile puisqu'elles redonnent du goût aux plats insipides, aux steaks semelles et aux poissons surgelés. Mais demandez-vous pourquoi elles sont servies à discrétion, dans des gamelles de 50 litres. Du beurre, de l'huile, de l'eau : y a pas mieux pour passer son après-midi plié en deux.

Quelques avantages à bosser en entreprise quand on est une pince

1. Les cafés gratos… ou payés par des collègues

Bien manager, c'est savoir choyer ses salariés quand il le faut. L'un des premiers « petits plus » proposés par les entreprises : le café gratuit. Trois le matin, trois l'après-midi : idéal pour satisfaire sa dépendance à la caféine sans dépenser un rond. Et s'il n'est pas gratuit, retenez cette phrase : « Rémi [changer le prénom du collègue une fois de temps en temps], tu aurais 20 centimes pour un café s'il te plaît ? »

2. Les fournitures à portée de main

Passer à la Poste, acheter des timbres, faire le plein de carnets… Des soucis bien vite derrière soi quand on sait où fouiner dans sa boîte. Le placard à fournitures regorge de trésors dont vous auriez bien tort de vous priver. Faites le plein de stylos, profitez de 1 enveloppe ou 2, et n'oubliez jamais : personne ne verra que cette agrafeuse a disparu.

3. L'accès à Internet au boulot

Pourquoi s'embêter avec un abonnement internet à la maison quand l'outil est disponible sur son lieu de travail (et parfois en bien meilleur débit). Au déjeuner, le radin 2.0 a appris à consulter ses e-mails perso depuis sa boîte mais pas que : recherches pour les vacances, virements, shopping en ligne. Votre pause, leur connexion.
Fini les factures de son FAI, sans compter les économies réalisées sur la consommation internet de son Smartphone.

4. Le téléphone fixe

En parlant de Smartphone, est-il vraiment utile celui-là ? Avantage indiscutable de votre boîte : les téléphones, si nombreux, si accessibles. Décrocher le combiner sans avoir rien à payer, c'est jouissif non ?

5. Les bons plans de la boîte

Les rencontres favorisent les opportunités. Être entouré de collègues, c'est surtout être entouré de potentiels bons plans dont il faut profiter allègrement. Vous cherchez un nouveau canapé ? « Ça tombe bien, Bertrand de la compta vend le sien ! Il te fera un prix, j'en suis sûre. » Sans compter les ristournes hallucinantes du comité d'entreprise pour votre prochain week-end. Veinard.

6. Les Tickets-Restau

On vous voit venir : « Oui, mais le salarié paie la moitié de ces machins. » D'accord, mais la pince avisée les met de côté et apporte son propre déjeuner au boulot. À lui ensuite les déjeuners de vacances payés en Tickets-Restau. En revanche, on évite le faux pas : inviter à dîner avec ce moyen de paiement. Lose assurée.

7. Les petits déjeuners au boulot

Certaines boîtes proposent un service de restauration à moindre coût, y compris pour le petit déjeuner de leurs salariés. Le radin qui sommeille en chacun de nous a vite fait d'y voir un bon moyen d'économiser sur ses courses. Assaut sur le buffet.

8. Les pots de départ

Arrivées et départs de collègues, événements propres à la vie de la boîte… Les occasions de picoler à l'œil sont légion si l'on sait rester attentif et cultiver les bonnes relations. Avouons que ce verre de vin est bien meilleur quand on sait que c'est le patron qui a payé la bouteille.

9. Le sport gratos

Si des professions assurent à certains l'exercice physique nécessaire pour la semaine, d'autres, plus sédentaires, transforment le salarié en Chamallow. Stop, éloignez-vous de cet abonnement coûteux à la salle de sport ! Votre entreprise dispose de tout ce qu'il faut pour se bouger. La preuve.

10. La voiture de fonction

Cerise sur le gâteau, certaines entreprises fournissent à leurs salariés une voiture de fonction. Ça tombe bien, la vôtre coûtait bien trop cher.

Les 7 aliments à boulotter pour énerver vos collègues relous

1. Des galettes de céréales

Pour vous, ces petites galettes pauvres en sel et calories sont un moyen de ne pas craquer pour une barre chocolatée. Pour les autres, elles sont surtout le diable incarné : bruyantes et peu ragoûtantes, on les accuse même de sentir mauvais. Mais vos collègues devront souffrir encore un peu, vous avez acheté un pack de 3 en promo.

2. Un œuf dur

Il y a l'œuf à la coque, tellement régressif. L'œuf au plat, tellement simple à cuisiner. L'œuf poché, tellement gastro. Et puis, il y a l'œuf dur, celui qui colore nos salades en été. Mais pourquoi attendre août quand on peut le déguster tranquillou au bureau ? Alors d'accord, l'œuf dur est loin de sentir la rose et votre voisine a frôlé le malaise en vous voyant croquer dedans. Mais rappelez-vous aussi que c'est une peste et qu'elle le mérite (un peu).

3. Une pomme

Le problème avec la pomme, ce n'est pas son odeur, mais le bruit qu'elle fait quand on la croque puis qu'on la mâche. Vous ne rêvez pas, on est en train de vous reprocher de manger sain. La prochaine fois, remplacez-la par une poire. Le bruit de succion en plus devrait finir d'achever l'open space.

4. Des chips

C'est probablement l'aliment le plus bruyant et irritant du monde (avec le pop-corn). Comme si ça ne suffisait pas, il existe maintenant tellement de variétés différentes que vous avez 99 % de chances d'embaumer tout l'étage avec une odeur très sympathique, genre oignon-crème ou barbecue. Après tout, c'est votre droit et la croix de vos collègues. Mais rappelez-vous quand même que les chips sont très mauvaises pour la santé.

5. Un plat chinois

Nems, riz cantonais, nouilles sautées, porc au caramel… Sur le papier, impossible de ne pas saliver en pensant à toutes les bonnes choses qui vous attendent. Mais une fois le plat chinois livré au bureau, c'est surtout l'odeur tenace des mets que vos collaborateurs retiendront. Quelle bande de rabat-joie. Ils mériteraient que vous enchaîniez avec une pomme.

6. Des brocolis

Légume détesté par les moins de 8 ans, le brocoli est très vite devenu l'ennemi juré de ceux qui vous entourent du lundi au vendredi entre 9 heures et 18 heures. Oui, il sent mauvais, oui, il est moche, mais vous adorez ça. On ne va quand même pas vous obliger à manger du chou kale ?

7. Un fast-food

Il y a au moins 13 types de collègues de boulot que l'on rencontre au bureau. Mais il y a surtout un type de repas qui a tendance à taper très fort sur les nerfs desdits collègues : le menu fast-food. Le problème du combo hamburger-frites que vous êtes sur le point de vous enfiler, c'est qu'il fait envie à tout le monde. Même la discrète au fond du couloir se lèche les babines. L'autre souci, c'est qu'une fois le désir passé, l'odeur, elle, continue à flotter dans l'air. Vous l'aurez compris, le menu fast-food vous fait automatiquement entrer dans une relation conflictuelle amour-haine avec tout l'open space. Ça tombe bien, vous vous nourrissez du malheur des relous.

Ça y est ! Vous avez maintenant TOUTES les cartes en main pour devenir le roi ou la reine du bureau, la collègue la plus désirable, le salarié le plus chouchouté, le travailleur le plus heu-reux !

Allez, soyez chic, faites tourner.